JN294628

口コミとリピートだけで年間受講者9000人

すごい講師の伝え方

(株)不動産アカデミー代表・不動産鑑定士
中村喜久夫

TAC出版

はじめに

「人をグングン引き付けるような、魅力的な話し方をマスターしたい」

「人前でもあがらずに、話ができるようになりたい」

「集客のために講師をしたい」

「業界団体などから呼ばれる講師になりたい」

「説得力のあるプレゼンテーションをしたい」


この本を手に取られた人は、こんな思いをお持ちなのではないでしょうか。

あるいは、

「言いたいことがうまく伝わらない」

「説明がわかりにくいと言われた」

そんな悩みがあるのかもしれません。

大勢の人の前で話をする機会というのは、意外に多いものです。私のように講師を業としている者でなくても、知り合いから講演を頼まれるということもあると思います。社内外でプレゼンテーションをする機会が多い、という人もいるでしょう。税理士や行政書士などの士業であれば、顧客獲得のためにセミナーを計画している人も多いと思います。

仕事だけではありません。ＰＴＡやマンション管理組合の役員になった場合なども、人前で話す機会が回ってくるはずです。なかには「人前で話すのが大好き！」という人もいるかもしれませんが、ほとんどの人は「どうしたら人前でうまく話せるのか……」ということを模索しているのではないでしょうか。

さて、「どうしたら人前で話すのがうまくなるのか」というと、いわゆる〝スピーチの技術〟を思い浮かべる人が多いのかもしれません。声の出し方、話のペース（間《ま》の取り方）、滑舌《かつぜつ》、話す姿勢、視線の向け方……。本書で解説するのは、そういう流《りゅう》暢《ちょう》な話し方のテクニックではありません。

私は不動産関連の講師業を仕事の1つとしています。業界団体や不動産会社、独立前の勤務先であるリクルート住まいカンパニー社などから研修講師の依頼を数多くいただいています。

10人程度の少人数のものもあれば、1000人を超すものまで規模もさまざまです。ちなみに平成23年は、北海道帯広市から島根県益田市まで56回の講演、研修を行い、延べ9000人に受講していただきました。ありがたいことに受講者や事務局の方からは、「わかりやすい説明だった」「大変勉強になった」という評価をいただいています。

しかし、いわゆる〝スピーチの技術〟という観点からみると、落第点だと思います。私はものすごく早口です。姿勢も悪い。背筋も伸びていません。笑顔を作るのも苦手です。近視なので会場が大きくなると遠くの人と目を合わせるのは無理です（コンタクトの度を上げると、手元の資料が見にくくなります……。40歳以上の方、共感していただけますよね！）。

それでも、わかりやすい説明だという評価をいただだています。つまり、**必ずしも上手な話し方でなくても相手にきちんと伝えることはできる**のです。それは、「わかりやすい説明の心得」が身に付いているからだと思います。

この本で私が伝えたいことは、「**わかりやすい説明のメソッドをマスターし、自分らしい講演、講義をしよう**」ということです。

カリスマと呼ばれる講師のマネをしても、まったく同じようにできるわけではありませんし、かえって不自然な印象を与えてしまうことでしょう。それよりも、説明の基本的なメソッドを身に付け、自分の持ち味を発揮するほうが良い結果を生むと思うのです。

達筆な字で書いてある中身の薄い文章と、乱筆でもメッセージのはっきりした文章。人を動かすのは、後者です。講演、研修、プレゼンも同じです。**形式よりもまず中身**です。多少**不器用でも、わかりやすい説明に徹していれば伝わります**。聞き手の役に立つことができます。流暢な説明はできなくても合格点がもらえるはずです。

例えば、「講演の目的は何か」「聞き手はどういう人たちなのか」ということを意識するだけで、グッとわかりやすい説明になります。また、パワーポイントの効果的な使い方をマスターすれば、同じ説明であってもずっと伝わりやすくなるはずです。それだけでなく、過度の緊張を防ぐこともできます。

この本では、そういう基本的なメソッドを紹介していきます。私は講演、研修の講師ですが、そのノウハウはプレゼンテーションや私的な会合でも役立つことと思います。

誰もがお手本としたくなるような名講演をするのはむずかしいでしょう。しかし**「わかりやすい説明」は誰でもできる**ようになります。そのうえで自分自身の体験、知見を加味していくことができれば、世界に1つしかないオリジナルな講演、プレゼン、説明ができるようになるはずです。

人前で話すことを仕事としている人にとっては、わかりやすい説明＝伝わる説明ができるかどうかは、収入に直結する大事な課題です。しかし、それ以前に、聞き手である参加者から「よくわかりました」と言ってもらえるのは大変うれしいものです。
多くの個性的な講師たちが、上手に話すことの呪縛から解放され、数々のすばらしい講演、講義が生まれる……。本書はその一助になると信じています。

平成25年4月

中村　喜久夫

CONTENTS

第1章　人を動かす！「伝え方」意識革命

第4章 「メッセージ」で聞き手に変化を起こす！

第5章 パワーポイント活用法──視覚に訴えれば、もっと伝わる！

第6章 緊張はこうして克服する！

第7章 職業としての講師

第8章

講師として活躍するために

第1章

人を動かす!
「伝え方」意識革命

1

「聞き手」に、「伝わること」を目指す。

誰でもカリスマ講師になれるのか？

世の中には話の上手な人がいます。講演が始まった直後から、楽しい雰囲気を作り、グングンと聞き手を引き付け、話の先を聞きたいという気持ちにさせる……。いわゆる「つかみ」がうまい人です。講演の最中も、「なるほどー」と納得させる話、「すばらしい!!」と感動させる話、「そうだったのか!?」と驚くような話を繰り出し、聞き手を魅了していきます。講演を聞いた人はみな勇気付けられ、元気になる……。そんな話し方ができる人もいます。カリスマ講師と呼ばれる人たちです。

では、トレーニングを積めば、誰でもカリスマ講師のような話ができるようになるのでしょうか――。

残念ながら、「ノー」だと私は思います。彼ら彼女らは、演壇に立った時点からオーラが出ています。練習すればできる、というレベルではありません。最初からそのレベルを目指すと、かえってやる気が失せるでしょう。類《たぐい》まれな才能に恵まれた人だけが100メートルを9秒台で走れるように、カリスマ講師になれる人も限られているのだろうと思います。

世の中には、講演、プレゼン、スピーチのための本がたくさん出版されています。もちろんいい本もたくさんあります(有益なアドバイスを得られると思った本を巻末にあげました)。しかし、なかには首をかしげたくなるような内容のものもあります。スティーブ・ジョブズ、オバマ大統領、小泉元首相、さらにはリンカーン、ケネディ、レーガン……。彼らの名演説を引用し、それを目指そうと説いている本もあります。でも、彼らのようなスピーチの天才を目標にせよといわれても……。私には絶対に無理です。

魅力的な話し方をマスターせよ、というアドバイスもあります。「笑顔が大切だ」「大きく通る声で」「ボディランゲージで躍動感を出せ」「姿勢を正せ」「早口はダメだ」「話す前に『えー』と言うな」「アイコンタクトが大切だ」などなど。確かにそれらを実践できればいいことはわかります。できるに越したことはありません。

しかし、私の場合、早口をやめてゆっくり話そうとすると自分のリズムが崩れて話しにくくなります。「えー」という口ぐせも直りません。表情や姿勢に気を使いすぎると緊張してしまいます（見られている、という意識が働くからだと思います）。誰もが魅力的な話し方をマスターできるものではない。仮にマスターできるとしても膨大なトレーニング時間を必要とする、というのが実感です。

これさえ実践すれば、誰でも簡単にカリスマ講師になれる。そんな〝魔法の杖〟は、残念ながらないのです。

主役は「聞き手」

しかし、あきらめる必要はありません。うまく話すことはできなくても、講師として成功することはできます。ニーズに合った話ができればいいのです。

私にはカリスマ講師のようなオーラはありませんが、順調に仕事をいただいていま す。**うまく話せなくても、必要なことが伝われば、聞き手も主催者も満足**してくれま

講演、セミナーで満足するのは?

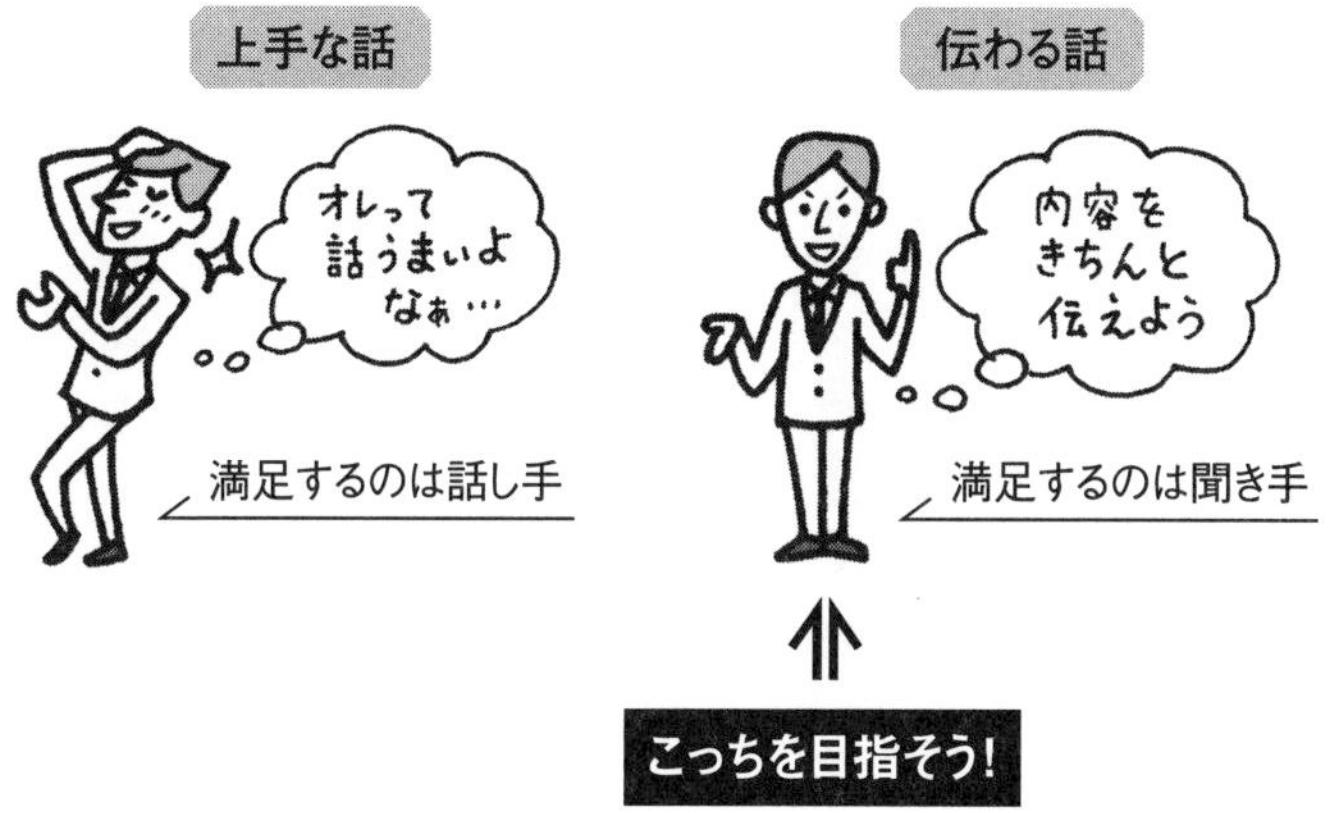
上手な話
伝わる話
オレって話うまいよなぁ…
内容をきちんと伝えよう
満足するのは話し手
満足するのは聞き手
こっちを目指そう!

す。求められているのは、「内容がきちんと伝わる」ことであり「話がうまい」ことではないのです。まして「笑いをとる」ことではありません。

「内容がきちんと伝わる」ことによって満足するのは聞き手です。一方、「話がうまい」と言われて満足するのは話し手です。研修、講演、プレゼン、セミナーの**主役は聞き手**のはずです。聞き手が「よくわかった」「そういうことだったのか」と満足してくれればいいのです。うまく話そう、かっこよく話そうと思うから、緊張もするし、悩みもするのです。主役は聞き手。そう割り切りましょう。

話す側は、聞き手に満足してもらうべく努める〝サービス業〟です。うまく話すことではなく、「伝わること」「わかりやすい説明をすること」を目標にしましょう。カリスマ講師になる魔法の杖はありませんが、きちんと「伝わる」話にするためのセオリーはあります。聞き手が満足する「わかりやすい説明」は、工夫しだいで誰でもできるようになります。

目的を明確にし、「聞き手」を考えた構成にする

では、どうすれば「わかりやすい説明」になるのでしょう。それには、

①講演、研修の目的を明確にする
②聞き手の属性を考える
③目的、聞き手に合わせた話の構成を考える

この3つが必要です。目的を明確にし、聞き手に合わせた構成にすれば、話はわかりやすくなります。伝わります。

まず**研修や講演の目的(=最終的に到達すべきゴール)を明確に**しましょう。私の場合であれば、不動産会社から新入社員研修や宅建試験講座の講師を依頼されることが多くあります。

新入社員研修の依頼内容が「新入社員に基本的な法律知識、業界用語や業界慣習を教えて欲しい」ということだとしても、その真の目的は「新入社員の成長(育成・戦力化)」にあるはずです。宅建試験講座では、いろいろな法律の解説をしますが、最終的な目的は、「試験合格」です。

セミナーやプレゼンでも同様です。例えば、プレゼンであれば「提案のすばらしさを聞き手に納得させること」が目的になるはずです。

このように**目的を明確にして、意識すると、話す内容がシャープ**になります。

新入社員研修においても、「どうしたら不動産に興味を持ってもらえるだろうか」「彼ら彼女らが今後、業界で活躍していくためにはどのような知識が必要になるのだろう」ということを考えて話すようになるはずです。法律や業界用語を漫然と解説するだけの講義とは質がまったく違ってきます。

宅建試験講座の講義でも同様です。何も考えていない講師は、試験に出される知識をすべて教えようとします。しかし、多くの受験生は、「試験に出るすべてのこと」を覚える時間はありません。仕事を持っていたり、大学に通っていたりしているからです。

講義の目的が「合格」にあり、聞き手が「残業の多い会社員」だとすると、「どうすれば限られた時間内で合格できるようになるか」ということを考えた講義内容になるはずです。聞き手の置かれている状況を無視した講義を続けていては、受講生は挫折します。受講生を合格させるという目的を果たせません。

目的を意識した講師であれば、出題可能性の低いところ、理解するのに時間がかかるところは省略し、得点しやすい分野を重点的に説明するようになります。**目的と聞き手を意識することにより、講義の構成が変わる**のです。

知識や情報を漫然と伝えても人は動きません。講演、講義を受けてもなんの変化も起きないのです。伝わる話にするためにまず考えるべきことは、講演、講義の目的と聞き手の属性です。別の言い方をすれば、**この講演、講義が終わった後、聞き手にどうなっていて欲しいのか**を考えるということです。

「基本的な知識を身に付け、会社の戦力になってもらう」「試験に合格してもらう」

「商品について理解してもらう」など、自分が何のために話すのかという目的を明確に意識するのです。

目的を意識した講演、講義と、そうでないものとでは、聞き手に与える影響はまったく違うはずです。

COLUMN1 本当に良い講師とは?

実は、講師としては、あれもこれも教えるほうが精神的にラクなのです。「講義で説明しなかったところが試験で出題されたではないか」という批判を受けなくてすむからです。受講生は、講義でたくさんのことを説明してくれる講師を熱心な良い先生だと思っているのかもしれませんが、それは間違っています。「何でも教えたがる講師」と付き合っていると合格は遠くなります。「何を教えるのか」ではなく、「何を教えないのか」がわかっている講師。これが本当の意味での良い講師なのです。

2 まずは、講義の「目的」「聞き手」について考える。

最終目的は効果を売ること！

目的を意識して行動する。

考えてみれば、これはビジネスの基本です。ちょっと話が横道にそれますが、広告業界の話をさせてください。私は、昭和60年にリクルートに入社しました。情報誌ビジネスが全盛の頃です。その当時、情報誌の営業を担当していた先輩たちは「スペースではなく効果を売るのだ！」と言っていました。

求人情報誌でも住宅や旅行の情報誌でも、1ページ、2分の1ページ、4分の1ページと、広告スペースの大きさによって料金が定められていました。広告主である企業は、スペースに応じた広告料金を支払って、求人活動や広告宣伝をするわけです。

一見、情報誌の広告スペースを売っているようにみえるのですが、実はそうではない、と教えられました。2分の1ページなら2分の1ページという広告スペースを使って、どうすれば採用が成功するのか、住宅の販売や旅行会社の集客の成功のためには何をすればいいのか、それを考え提案するのが仕事だというのです。

そのためには、クライアントの強みと弱み、求職者や一般消費者のニーズを徹底的に調べて、効果の出る表現や企画を考えていく必要があります。「目的は広告スペースを売ることではない。採用や販売の成功という効果(成果)を売ることにある。そのための手段として、情報誌の広告スペースを販売しているのだ」と教わりました。

つまり、**最終目的は広告スペースを売ることではなく、効果を売ること**にあるのです。

講師の役割とは?

講師も同じだと思います。知識を解説したり、経験を語るだけでは十分ではありません。**「知識や経験を売る」のが講師の仕事ではない**からです。話すという行為は手段にすぎません。講師の**目的は聞き手を変えること、行動させること**にあるのです。

つまり一定の効果を出すことが講師の役割だと思うのです。

その講演、研修の目的は何なのか。聞き手はどういう人たちなのか。終了後、聞き手にどうなっていて欲しいのか。伝わる話＝わかりやすい説明にするためには、これらの要素を徹底的に考える必要があります。

新入社員対象の研修であれば、その業界に興味を持てるような内容にします。資格試験の講座なら、受講生に合わせた「実現可能な合格プラン」を考えます。「新入社員が会社や業界で活躍する」「受講生が試験に合格する」。これが講演、研修の目的だからです。

何をどう話すかは、手段にすぎません。講師も他のビジネスと同様に、効果を売ることを目標とすべきです。

特に講師料、講演料をもらうのであれば、完全にビジネスです。報酬に見合う以上の効果を出さなければ、次から依頼は来ません。**自分は何を求められているのか。何を期待されているのか。講義の目的を考え、効果を出していく必要**があります。

研修講師と講演講師の違い

目的という観点から考えると講師にもいくつかのタイプがあることがわかります。ひと口に講師といっても、研修講師と講演講師とでは求められるものが違います。

研修講師は**知識をわかりやすく説明すること**が求められます。大学受験の講師や資格試験予備校の講師がその代表例です。**研修の目的は知識を習得させ、合格に導くこと**にあります。

一方、講演講師は、自分の経験を通じて得られたことを伝え、**聞き手を感動させたり、モチベーションを上げること**が求められます。「○○さんの話を聞いて元気が出た」「明日から本気で頑張ろうという気持ちになった」「勇気をもらった」……。

こんな感想をもらうことができれば、講演の目的を果たせたといえるでしょう。講演講師は、著名人やスポーツ選手、ビジネスで一定の成功を収めた人が中心ですが、一般の人でも講演を頼まれることもあるはずです。

このように同じ講師といっても基本的な役割が違うのです。もっとも、話はそう単純ではありません。研修講師といっても、講演講師的な要素が求められることもあります。受講者が200人を超える研修となると、単に知識を解説するだけでは、聞き手を引き付けることは困難です。知識の解説は当然として、自分の体験を語り、思いを伝えていくことも求められます。

一方、講演講師にも、わかりやすく説明する能力が求められます。どんなにいい話でも、聞き手に伝わらなくては意味がありません。まれに、話の内容がわからなくても、その人と同じ空間にいられるだけで幸せ、と思わせるカリスマ講師もいますが、そういう素養をお持ちの方は、おそらく、この本の読者ではないでしょう。

士業の人が顧客獲得のために行うセミナーは、研修講師と講演講師の融合タイプだと思います。社労士が年金セミナーを、税理士が相続税対策セミナーを、司法書士が債務整理についてのセミナーを行うといった場合、まずは、知識面でのわかりやすい解説が求められます。でも、それだけでは、「いいセミナーだった」「勉強になった」で終わりです。

士業の人がセミナーを行う目的は、顧問契約の獲得にあるはずです。そのためには、知識をわかりやすく伝える（＝研修講師としての能力）だけでなく、その講師自身の人間的魅力を伝える（＝講演講師としての能力）ことも必要となってくるはずです。この先生は信頼できる、お金を払ってでも付き合う価値がある、そう思ってもらえないと顧問契約につなげることはできないからです。

「聞き手」が変われば構成が変わる

効果を上げる話、伝わる話にするためには、目的とともに「聞き手の属性」についても考える必要があります。業界団体の研修でも、聞き手が新入社員なのか、中堅社員なのか、経営者なのかによって話の構成は変わってきます。

例えば、「法令改正の解説」をテーマに講演を依頼されたとします。不動産業には、たくさんの法律が絡んできます。そして、毎年のように細かい改正があります。その解説をするのも私の仕事です。

対象が新入社員であれば、まずその法律や不動産業界に興味を持ってもらえるよう話をする必要があります。なぜそのような法律が必要なのか、今回改正されたのはどういうねらいがあるか、といったことの解説を通じて、「不動産業は、責任は重いがやりがいのある仕事だ。頑張ろう」ということを伝えます。

中堅社員が相手であれば、「法令改正により実務上どういう点に注意する必要があるのか」ということが話の幹になります。経営者層が対象であれば、「法令改正が市況にどういう影響を与えるのか」について自分なりの考えを伝えることになります。

一般消費者向けに「不動産を借りる際の注意点」というテーマで話す場合でも、聞き手が初めて家を借りる18歳の学生なのか、社会人なのかによって、話す内容や構成は変わってきます。

「聞き手」を細分化する

聞き手の属性は、できるだけ具体的にしておくほうがいいでしょう。同じ不動産会社の新入社員であっても、顧客に対し専門的な説明をすることが仕事になる営業職、渉外職に配属になった人と、事務職、受付職に配属になった人とでは、説明すべき内容が変わってきます。それぞれの立場に合わせた説明をすれば、よりわかりやすい説明、伝わる説明になるはずです。

仮に複数の職種の人が混在している場合でも、

聞き手の属性

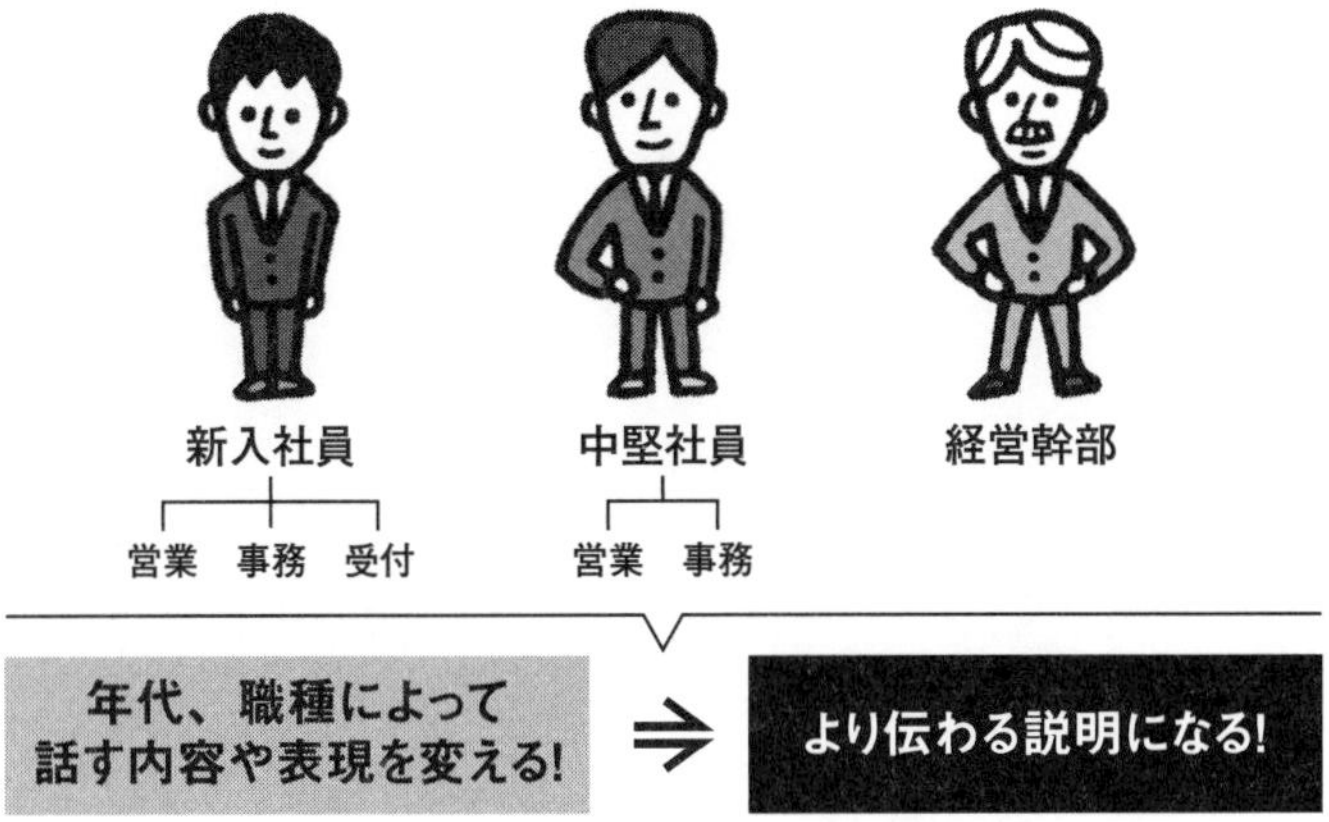

「ここの部分は、特に営業職、渉外職の人はしっかりマスターしてください。新入社員といっても、会社の名刺を持って他社の人と会う以上、プロとしての知識、行動が要求されますからね。知らなかったではすまされませんよ」

とか、

「不動産を買おう、借りようという一般の人は、この部分で誤解している人が多いのです。受付段階で、お客様の要望をしっかりと確認するためにも、今説明した部分はよく復習しておいてください」

といった説明をしてあげれば、しっかり聞こう、学ぼう、という気持ちになるはずです。自分のための話、自分に役立つ話だと思うからです。

聞き手が聞こう、学ぼうという意識になってくれると、話は伝わります。講演、研修の効果が出ます。

3 「目的」「聞き手」に合わせて話の構成を考える。

まず、講演、研修の目的を明確にする。次に聞き手の属性を考える。最後に必要となるのは、目的、聞き手に合わせた話の構成を考える、ということです。構成とは、話す内容、順序、表現のことです。つまり、

①何を（内容）
②どういう順序で
③どのように話すのか（表現）

ということです。この3つの要素を講演、研修の目的や聞き手の属性に応じて変えていくことが大切なのです。

① 内容について —— ボツにする勇気も必要

内容は、講演、研修の主催者から依頼されたことをベースに考えていきます。私は不動産関連の講師ですから、「中堅社員向けに、最近の法令改正について解説して欲しい」「一般消費者向けにマンション購入にあたっての注意点を解説して欲しい」といった依頼が来ます。それをもとに、より細かい項目立てをしていきます。書籍の目次を作るイメージです。

そのうえで、「聞き手はどういう気持ちで研修に参加するのか」「講師に何を求め、何を期待しているのか」「何がわかっていないのか」「どこでつまずくのか（わからなくなるのか）。その理由は何なのか」「どういう問題意識を持っているのか」などを考えて内容を吟味していきます。何を伝えれば、効果を出せるのか（講演、研修の目的が果たせるのか）を考えていくのです。

「聞き手がどこでつまずくのか、わからなくなるのか」については、過去の講演、講義で受けた質問や、アンケートに書かれた意見などが参考になります。そのためにも、**質問を受けたらそれを蓄積しておくこと**をお勧めします（これについては3章で具体的に説明します）。

また、内容を考えるにあたっては、**ボツにする勇気**も大切です。あれもこれもと盛り込むと話はわかりにくくなります。どんなにいいネタであっても、講義、講演の目的にそぐわないものは、省きます。焦点が絞られていない話は伝わりません。

②順序について ――「聞き手」が理解しやすい順序で話す

話す内容は同じでも、その順番によって伝わり方が変わってくるものです。**結論を先に話し、その理由を解説すること**が有効なこともあります。逆に、**事例を重ねていって結論を導き出す**、という説明のほうが納得感を得られることもあります。

事象であれば時系列で、法律であれば条文の順番で話す人も多いですが、重要度の高いものから話すほうが効果的でしょう。ただし、時系列的説明、条文順の説明のほうが体系的に理解できますし、後で復習しやすいという利点があります。

一方、「いろいろ話すけど、これだけは持って帰って欲しい」と言うときは、重要度の高いものを先に、しかもたっぷりと時間をかけて話すことになります。**これらに**

ついても目的、聞き手の属性を踏まえて考えていきます。

ここでも大切なのは、聞き手です。2章でも説明しますが、「自分が話しやすい順序で話す講師」は少なくありません。しかし、何より大事なことは、「**聞き手が理解しやすい順序で話す**」ことです。

③ 表現について——視覚化し、指示語には注意

表現方法は、視覚に訴えることで伝わりやすくなります。私の場合はパワーポイントを用いるようにしています（第5章で具体的に説明します）。さらにひとつひとつの内容について、

①質問する
②取材したビデオを見せる
③調査データや新聞、雑誌の記事を見せて考えてもらう

などより伝わりやすい表現を考えていきます。

なお調査データは、グラフにするなど視覚化したほうがいいでしょう。数字だけを述べてもなかなか伝わりません。

内容について

ひとつひとつの内容を聞き手にわかりやすく伝えるために

- 質問する
- 取材したビデオを見せる
- 調査データや新聞、雑誌の記事を見せて考えてもらう

パワーポイントなどで視覚化するとGood!

言葉で説明する場合は

- できるだけ短い言葉で説明する
- 指示語にも注意。「それ」「あれ」は何を指しているかわからず危険
- 項目立てをして説明する

これから話すことの
ポイントは3つあります
まず第1のポイントは○○です
2つ目のポイントは△△です
3つ目は××です

　言葉で説明する場合は、**できるだけ短い言葉**にします。長い文章は耳で聞いているだけでは、頭に入りません。短い文章を積み重ねていきましょう。指示語にも注意です。「これ」はいいですが、「それ」「あれ」は危険です。「このことは……」「これは……」は直前に話した内容や、発言した時点で画面に映っていることを指す用語です。ですから聞き手もついていけます。

　しかし、「あれは……」「あの話は……」となると、どれを指しているのかわからない、という事態になりかねません。

話す内容をいくつかのまとまりに分けて、最初に項目立てをしてから説明すれば、わかりやすいものになります。

「これから話すことのポイントは3つあります。まず第1のポイントは〇〇です。2つ目のポイントは△△です。3つ目は××です」

といった具合です。

その他、**具体的な事例をあげて説明する**、**似たようなものを対比させて説明する**、**図表で異同を示す**、という方法もあります。説明する内容によって使い分けていきます。

比喩を使ったり、有名な格言を引用する人もいるようですが、これはよほどうまくやらないと逆効果になる危険性があります。

「聞き手」の理解できない用語は使わない

説明するにあたっては、聞き手がわからない言葉を使わないよう注意しましょう。

話し手にとっては常識であっても、聞き手は初めて聞く話ということもあります。聞き手の知識レベルを判断するためにも、聞き手の属性を考える必要があるわけです。

『「分かりやすい表現」の技術』『「分かりやすい説明」の技術』などの著書がある藤沢晃治さんも「情報の受け手」のプロフィールを想定することで、情報の受け手が理解不能な語彙《ごい》、表現を使わないようチェックすることが必要だと述べられています。

「情報の送り手は、受け手の人物像、プロフィールを設定し、それに応じた表現を選ばなければなりません。（中略）ある分野の専門家が必ずしも初心者に対する上手な説明者ではない、ということになります。なぜなら、専門家は、初心者の立場、発想に立つことが難しいからです」

『「分かりやすい表現」の技術』

講師もベテランになればなるほど、説明はうまくなるのですが、初心者がどこでつまずくのかがわからなくなってしまうということもあります。

何度もいうようですが、大切なのは聞き手について考えることです。聞き手はどういう人なのか、どこまで知っていて何を知らないのか。これを考えて用語を選んでいくのです。

4 構成をカスタマイズし、メッセージを込める。

「聞き手」に合わせてカスタマイズする

話の「構成（内容、順序、表現）」は、講演、研修の目的と聞き手の属性に応じて、最適なものにしていきます。誰かのマネをしても伝わる話にはなりません。目的が違い、聞き手の属性が異なるからです。

したがって**構成は、講演、研修を依頼されるごとに練り直す必要**があります。同じテーマで依頼されたとしても、聞き手が新入社員なのか中堅社員なのかによって構成は変わります。同じく新入社員が対象であっても、大手企業なのか中小企業なのかによっても変わるはずです。

業界団体から研修の依頼を受けた場合でも、有料なのか無料なのか、強制参加なのか任意参加なのか、都市部なのか地方都市なのかなどによってカスタマイズしていきます。

その他、会場の大きさやパワーポイントは使えるのか否かといったことも考えて構成を練っていきます。

前に、営業、渉外職向けと事務職、受付職向けとでは、どこに重点を置いて説明するのかが異なるという話をしましたが、これもカスタマイズの一例です。

欲をいえば、聞き手に合わせてカスタマイズするだけでなく、聞き手を驚かせるようなサプライズネタを入れることができればなお、いいでしょう。**研修はカスタマイズとサプライズ**です（慣れないうちは、無理にサプライズまではねらわないほうがいいでしょうが……）。

研修の部分を講演、プレゼン、説明などに置き換えても通用する考え方だと思います。

また、講師の中には「少なくとも一度は、一言一句、原稿を書こう」「原稿をもとにリハーサルをしよう。ストップウォッチで時間を計りながらやってみよう」とアドバイスする人もいますが、私は賛成しません。2章でも触れますが、リハーサルのしすぎは、講演、講義の質を落とすことになると思います。

確かに「5分間でプレゼンする」といった場合にはリハーサルが必要です。時間が短い場合には、話が横道にそれた場合にリカバリーできないからです。

しかし、1時間以上の講演、研修では、リハーサルは不要だと思います。用意すべきは、一言一句書かれた「台本」ではなく、何を、どういう順序で、どのように話すのか、という「構成」です。

くれぐれも**自分の話をパターン化しない**ことです。「つかみはこのネタで……」というふうに決めてしまうのは、お勧めできません。結果として、同じ構成になることはあるかもしれませんが、最初からパターン化してしまうのは、話をつまらないものにするだけです。

説明ではなく、説得をする

講演、研修にメッセージを込めることができれば、より伝わる説明になるはずです。「基本的な知識を学んで業界で活躍して欲しい」（新入社員研修）、「忙しくても絶対に合格して欲しい」（資格試験講座）、というメッセージです。

メッセージを意識すると、講演、研修に迫力が出ます。単に知識、経験を話すのではなく、伝えよう、理解してもらおう、という気持ちが出てきます。**説明ではなく、説得**になるのです（メッセージについては4章でもう一度触れます）。

講演、研修以外でも同様でしょう。プレゼンテーションであれば「企画（提案）や商品の魅力を伝える」ことが目的のはずです。「この企画のここがすばらしい。なぜならば……」「御社の課題解決にこのサービスは役立つはずだ。その理由は……」と聞き手を**説得する必要**があります。「この企画（提案）や商品を活用して、業績をあげて欲しい」というメッセージを込めることで、プレゼンの説得力が上がるはずです。

ＰＴＡの役員であれば、「子どもたちの健全な成長」「安全の確保」といった大きな目的があるはずです。マンション管理組合の役員であれば「資産価値の維持」「必要な施策の実施」ということを明確に意識して話せば、話す内容も迫力も違ってくるはずです。

講演、研修の目的を意識し、聞き手の属性を考えた構成を作り、メッセージを込め

て説得する。

それができれば、話はきっと伝わります。カリスマ講師のマネをする必要はありません。むしろオリジナリティがあるほうがいいのです。

第2章

こんな話では伝わらない

5

競争相手がいなくても、「わかりやすい講義」を目指す。

「わかりやすい説明」についての解説を続ける前に、「わかりにくい説明」の話をしたいと思います。わかりにくい説明をしないように心がけるだけでも、講演、講義がわかりやすいものになるからです。

「伝える意思のない話」では伝わらない

わかりにくい説明のトップバッターは、「伝える意思のない話」です。「伝える意思がないってどういうことだ？　伝えるために話をするのではないのか？」と思われるかもしれませんが、伝える意思を持たずに人前で話す人もいるのです。その代表例は原稿の棒読みです。用意してきた原稿を読むだけ――。

「今どき、棒読みの講義をする人なんているのか」ですって？

「伝える意思のない人」の話は伝わらない

原稿を棒読みしている人の話では聞き手は退屈するだけ！

これがいるのです。役所の人が講師をする場合に多いです。業界団体の研修などでご一緒することがあるのですが、用意した原稿を一字一句読み上げるだけという人が少なからずいます（もちろん役所勤務の人でも、工夫してわかりやすい説明をしている人もたくさんいます）。聞いているほうもつらいですが、演壇で聞き手を前に原稿を読み上げる、というのも相当つらい作業だと思います（やれといわれても私にはできません）。

ある研修でご一緒した某役所の人は、控室で雑談している限りでは、大変話のうまい方でした。話題も豊富ですし、こちらの意図をくんだ会話のやりとりができます。この人なら、自分の言葉で話したほうが伝わるのに……、と思うのですが、研修では原稿の棒読みなのです。なぜ棒読みなのか、理由を聞いてみました。

「上司から、この原稿を読み上げるだけにしろと言われています。それ以外のことを話してはダメなんです」

これが答えでした……。

言われてみれば理解できないこともありません。業界団体の研修などは、日程や会場を変えて何回か行われるのが一般的です。その場合、担当者が分担して説明することが多いのでしょう。その際、人によって話す内容が違っては、まずいわけです。

役所の担当者といっても定期的に人事異動があるため、必ずしも担当分野に精通しているとは限りません。私が関係している不動産分野などは、関係する法律の数も多く、熟知するまでに大変な時間がかかります。講師として呼ばれてはいても実は説明できるだけの自信がない、という人がいてもおかしくありません。

一私人《いちしじん》であれば、講演や研修で間違ったことを言っても、後で訂正すればいいだけかもしれませんが、役所の人はそうはいかないのでしょう。「研修で担当者がこういう説明をしたではないか」とねじ込む人が出てくるかもしれません。実際には、そういう可能性は少ないでしょうし、仮にねじ込まれたとしても、訂正すればいいだけだと思いますが、役所の立場に立てばそうはいかないのかもしれません。

そのようなリスクを避けるために「用意した原稿以外のことを話すな」という指示が出ているのです。つまり**「わかってもらう説明をすること」**よりも**「説明に誤りがないこと」が優先されている**のです。これでは、伝わる話になりません。

理由は理解できるものの、棒読みを聞かされるほうは退屈です。役所の担当者が呼ばれる研修は、免許を持った不動産会社（宅建業者）であれば、参加が義務付けられていることが多いのです。忙しい中、研修に参加したところ、長々と原稿の棒読みが続いた……。これでは、がっかりです。

間違いを回避したいのであれば、原稿を配布して「ここここが大切なので、特に注意してください」という説明のほうがはるかにいいと思います。

「配布した資料で重要なところは全部で3つあります。今から読み上げるところに下線を引いてください。いいですか？　まず1ページの4行目……」というようにすれば、間違った説明をする危険もないですし、聞き手も退屈しないはずです。

競争相手がいない人の話は伝わらない

棒読み講師は、役所関係以外にもいます。私は不動産鑑定士、マンション管理士など公的な資格を持っていますが、その中には定期的に研修への参加が義務付けられているものがあります。試験に合格したらその後は勉強しない、という事態を防ぐためです。これ自体はいいことだと思います。

しかし、ある研修に参加したところ（強制参加です）、最悪のものがありました。担当した講師の1人が「棒読み講師」だったのです。しかもひとつひとつの文章がものすごく長いのです。修飾語が多用された文章や、一文に述語が複数あるような文章でしたので、耳で聴いても頭には入らないのです。

テーマ自体は興味深いものだったので真剣に聴いたのですが、まったく理解できませんでした。200人くらいが参加した研修だったと思いますが、私の周りの人はみ

こんな話では伝わらない!

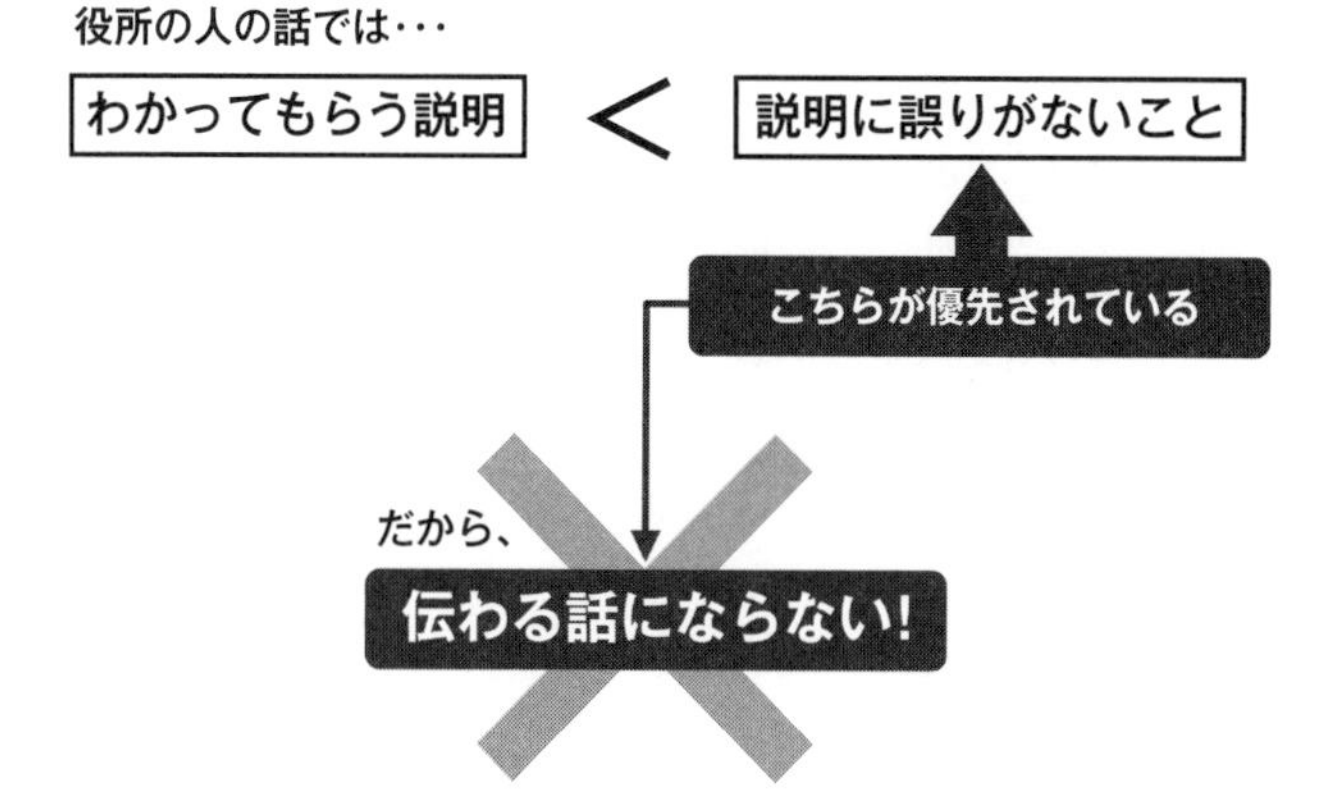
役所の人の話では･･･
わかってもらう説明
＜
説明に誤りがないこと
こちらが優先されている
だから、
伝わる話にならない!

なうんざりしていました。1日拘束されたうえに、研修費として1万円以上取られたはずです。それで棒読み講義……。これには参りました。

実はその講師は業界ではそこそこ有名な人で、業界団体の研修委員長だか、研修担当理事だかを務めている人でした。おそらく大変まじめな方なのでしょう。だから一生懸命原稿を準備したのだと思います。そして、大事な勉強会だから、ということで間違いのないように原稿を読んだのだと思います。

しかし不思議だったのは、なぜ周囲の人が誰も注意しないのか、ということです。その講師を直接、知っているわけではないのですが、講義の様子からは人のアドバイスを受け付けない、という感じの人ではありませんでした。

おそらくは、狭い世界で早く偉くなってしまったので誰も注意できないのだと思います。その講師は、業界としては売れた著書もあり、若手役員の中でも有名な人です。

したがって、他の役員は意見を言いにくいのでしょう。一方、狭い業界の中では有名人ですから、その人ばかりに講師依頼が集中する。まじめだから、研修のたびにあれも入れよう、この話もしようと話が膨らんでいく。文章もどんどん長くなる。そんな経緯だろうと推察します。

これが強制参加の研修会でなければ、または強制参加であっても他の講師を選ぶことができるのであれば、その講師の講義を聞く人は減り、本人も自分の説明に問題があることに気が付くはずです。強制参加であることが、わかりにくい講義が幅をきかせる原因なのです。

ここで再び、藤沢晃治さんの言葉を借りたいと思います。

「無競争は『分かりにくさ』の温床です。無競争分野に安住している人は『分かりやすく改善する必要』に迫られないのですから、当然かもしれません。
また力関係で上位の者（たとえば警察官や大学教授）が下位の者（免許更新に来たドライバーや学生）に行う説明（講習会や授業など）は、とかく緊張感に欠け、改善の意欲も乏しく、分かりにくいものになりがちです
『「分かりやすい説明」の技術』」

藤沢さんは大学の先生を例にあげていますが、確かにそうです。

私が学生の頃は、何年も同じ講義ノートをボソボソと読むだけ、という先生が必ずいました。それでも学生は講義を聞きます。単位を取る必要があるからです。聞きたいから聞くのではなく、単位のために聞くのです。選択した授業を聞かないと、単位を与えないという大学の先生にとっては、「無競争状態」にあるため、話し手が自分の説明が下手なことに気が付かないのでしょう。

もっとも少子化が進んだ今の時代に同じようなことをしていては、（ブランド力の

ある大学以外は）学生が入学してくれないようです。大学の先生も競争にさらされて、魅力的な講義をする必要に迫られていると聞きます。評価を意識しすぎて、学生に迎合するような講義は困りますが、聞き手のために話をするのだ、という講義が増えることはいいことです。

何事においても「無競争」＝「独占状態」は、甘えを生み、非効率的、非生産的になる、ということでしょう。

無競争状態にある人は、その状態に甘えずに「よりわかりやすい講義」を目指すことを心がける必要があります。無競争、無批判に安住し、いい加減な講演、講義を続けていては、聞いている人（聞かなければならない人）に失礼なだけでなく、説明能力を向上させる機会を逃してしまいます。

6

「聞き手」の反応を見ながら、講演、講義を変えていく。

プライドが高すぎる人の話は伝わらない

プライドが高い人の講演、講義もつまらない内容になりがちです。プライドが高い人は、批判をおそれて無難な説明に終始してしまうからです。役所の人同様に「間違った説明をしないこと」を重視して、「守り」に入ってしまうのです。

講演、講義で聞き手を動かすためには、講師が、自分が経験したこと、調べてきたこと、正しいと思うことを、**自分の言葉で話す必要**があります。オリジナリティのない話、誰にでもできる話では面白みがありません。聞き手を動かすためには、**自分の言葉で、他の人にはできない話をすること**が求められます。

けれども、それにはリスクが伴います。「そんな考えは間違っている」と批判される可能性があるからです。人と違うことを言うのは勇気がいります。プライドが高すぎる人は、批判をおそれてオリジナリティのある意見を言うことができないのです。

しかし、主役は聞き手です。講師のために聞き手がいるのではなく、**聞き手のために講師がいる**のです。資格試験講座の講師であれば、受講生が1人でも多く合格することが目標です。業界団体で法令改正の講義をするのであれば、法令をきちんと理解してもらい、その会社が信頼を得て業績を上げるために、講師が呼ばれているのです。講師は黒子です。主役ではありません。批判をおそれて無難な表現、内容に終始する。その結果、聞き手には伝わらない。これでは本末転倒です（オリジナリティがあっても、間違った説明がダメなのはいうまでもありません）。

リハーサルのしすぎは伝わらない

意外に思うかもしれませんが、講演、講義のリハーサルはお勧めできません。もちろん準備は入念にします。しかし、「ストップウォッチを手に実際に話してみて、時間を計る」というのはやめたほうがいいと思います。

講演、講義はいわば、生き物です。その場の状況によって、話すスピードは微妙に異なってくるはずです。**聞き手は理解しているのか、その反応を見ながら説明の長短、強弱を変えていく必要**があります。

実際の講演、講義ではいろいろなことが起こります。マイクのトラブル、突然、携帯が鳴り響く、何かの理由で会場がざわつく……。

話すスピードや間《ま》は、現場の状況によって変わります。ストップウォッチで計っていてもそのとおりにならないのが普通です。そんな無駄なことをするよりも、話の構成に基づき時間配分の目安を決めておくほうが役に立つはずです。

私の場合は、講演、講義に使う資料の一覧にだいたいの時間配分をメモしておきます。当日の状況によりこの配分を変えていくのです（これについては5章で具体的に説明します）。

リハーサルをお勧めしない理由は、それだけではありません。もっとも恐ろしいことは、**練習してきたことを再現しようという意識になること**です。再現すること、思い出すことに意識を奪われてしまい、聞き手に意識を向けることができなくなります。「聞き手の反応を見ながら話をしていくのです」と言うと、「そんな余裕はない」

と言われることがありますが、余裕のなさは自分で作っているところがあります。

先ほど説明した、原稿の棒読みはダメということはご理解いただけると思います。実際、棒読みの講義を聞かされるとつまらないですよね。では、なぜつまらなくなるのでしょう？　それは聞き手を意識していないからです。聞き手に合わせて説明の強弱を変える、間の取り方を変える、ということをしていないからです。だから聞いていて飽きます。どんなにいい内容でも、興味を失わせます。

リハーサルどおりに再現しようとすることは、その場にいる聞き手を無視している、という意味で棒読みと同じになってしまう危険があります。

コンビニやファストフードでくり返されるワンパターンの接客。マニュアルどおりの電話セールス。どれもこちらに伝わってくるものはありません。相手に合わせた応対になっていないからです。一生懸命リハーサルし、講義でそれを再現する。これでは、マニュアル接客と同じ結果になりかねません。

いうまでもないことですが、講演、講義の準備にはたっぷり時間をかける必要があります。私も、講義用のスライド（パワーポイント）は何度も作り直します。同じテーマでも聞き手の属性により構成が変わるからです。聞き手を想定しながら、最高と思えるものを準備します。

しかし、それでも現場に出れば準備どおりにはいかないものなのです。用意してきたものを再現するのではありません。聞き手の反応、与えられた時間によっては、大事なネタをその場でボツにすることもあります（しかもボツにしたことを聞き手に悟られてはいけません。パワーポイントを使用している場合の、ボツにする方法は5章で説明します）。

リハーサルに時間をかける ⟶ 当日、再現しようとする ⟶ 状況に合わせた説明にならない ⟶ 伝わらない、つまらない話になる ⟶ 落ち込む ⟶ 次の機会にはさらにリハーサルに時間をかける ⟶（始めに戻る）

まじめな人、講演、講義に慣れていない人ほど、このスパイラルに陥ってしまう危険があるのです。

7 結論が先に来る構成にする。

話しやすい順番で話していては、伝わらない

講演、講義は聞き手を変えるためにあります。

それには、聞き手に必要なことを端的に伝えてあげればいいのです。ところが、肝心な部分を後回しにした迂遠《うえん》な説明をする人が少なくありません。

例えば、法律改正により今までできていたことが禁止されたとします。これについて解説する場合、まず伝えるべきことは、

「〇〇法が改正された結果、××ができなくなりました」

ということです。まず、××ができなくなったことを説明し、そのうえでどうすればいいのかを説明することが求められているはずです。聞き手が知りたいのは、「何をすればいいのか」という部分です。ところが、ベテランの講師の中には法律改正の背景から解説をする人がいます。

1. そもそも○○法は昭和■■年、※※することを目的に定められた法律です。当時は◆◆や◇◇といった問題が多発していました。そのため、△△や▲▲を禁止するために、○○法を制定したのです。ただし、業界の実態も考慮し××は認められていました
2. ところが、最近★★や☆☆という問題が多発してきました。これは××が認められていたためです
3. そこで今回、××ができなくなるよう法律改正したのです

3段階目になってやっと本題が出てくるのです。聞き手は、法律改正があったことは知っています。司会が「今回、○○法の改正について、先生にご解説いただきま

す」といった紹介をしているのが普通です。

とすると聞き手が知りたいのは、①何が変わったのか、②それを受けてどうすればいいのか、ということです。

先の1、2、3の手順を踏んだ説明では、聞き手はストレスを感じるだけです。早く結論を知りたいのに、法律の趣旨から説明されているからです。

聞き手は研究者ではないですから（研究者であればそのような講習は聞かないはずです）、改正前のことはどうでもいいのです。**知りたいのは、結論**です。法律改正によりできなくなったことのかわりに何をすればいいのか。それが知りたいのです。それを伝えるために講師が呼ばれているはずです。


それにもかかわらずなぜ、このような説明をしてしまう人が多いのでしょう。それは、「順序立てて話したほうが話しやすい」からです。そのテーマに精通している講師の頭の中には、法律制定の趣旨、問題点、改正のための議論が入っています。それを順番に話していくほうがラクなのです。

しかし、残念ながらそれでは伝わりません。**聞き手の関心のある事柄が先に来るように話の構成を変える**のです。

今回××ができなくなった。それでわれわれは何をすればいいのか――。

これを最初にもってきます。そのうえで必要があれば、法律改正の趣旨、背景も説明していきます。

話の構成（内容、順序、表現方法）を練らないでぶっつけ本番で話すと、自分の話しやすい順番で話すという事態が起きてしまいます。それでは伝わりません。聞き手が理解しやすい順序を考えてあげる必要があります。

「自分が話したいこと」だけでは役に立たない

もう1つ。「自分が話したいことを話す」というのもNGです。これは伝わらない、というよりも期待された効果が出ない、という意味でダメなのです。

講師は「自分が話したいこと」ではなく、「聞き手に役に立つこと」を話さなければばなりません。なにを当たり前のことを、と思うかもしれませんが、講師の中には、自分の得意な分野、話しやすい分野だけを話そうとする人もいるのです。

私の友人が会社から社内研修の講師を依頼されました（誰もが知っている大手企業です）。研修のテーマが、彼の所属する部署の管轄業務だったからです。しかし、彼自身は依頼されたテーマについて詳しくなかったそうです。

大きな会社になると、同じ部署でも担当が分かれています。同じ「○○グループ」に所属していても、隣りの人の仕事内容はわからないということもよくあるのです。仕方がないので、研修では自分が得意な分野の話をした、ということでした。つまり、本来その研修で伝えるべきことは、まったく話されていないのです。

研修を依頼した事務局（教育研修担当部署）は、講師をセッティングして時間どおりに終われば、自分の仕事が終わったと思っています。講義の質、中身まで考えていません。大手企業の社内研修では、そのレベルの講師、事務局も少なくありません。

実際には詳しくなくても、ある部署に所属しているというだけでエキスパートと判断されて社内研修の講師依頼が来る。これも無競争状態の1つなのでしょう。

たとえわかりやすい話であったとしても、**講師が話したいことを話しているだけでは、聞き手の役に立ちません**。効果が出ない研修、結果が出ない研修となってしまいます。

マーケティングの世界では「売りたい物は売れない」という言葉があるそうです。企業が「売りたいと思う物」は売れない。企業が売りたいと思うものではなく、「（顧客が）買いたいと思う物」が売れる。企業側の都合ではなく、買い手である顧客のほうを向いて商品やサービスの開発をしよう、という教えです。

講師も同じです。「自分の話したいこと、自分が話せること」を話すのでは意味がありません。**聞き手にとって有益なことを話す**のです。もし自分がそれを持っていないのならば、必死に勉強しなければなりません。手持ちの材料（知っている知識）でごまかすようなことをしてはいけないのです。

COLUMN 2 テーマである近代の政治思想の講義が聞けなかった大学の授業

大学時代の講義に、日本政治思想史という科目がありました。近代（明治以降）の政治思想について学ぶということで、履修しました。ところが「近代の政治思想を学ぶには、まず江戸時代の思想を学ぶ必要がある」ということで講義は、江戸時代から始まりました。

そして、幕末のところで1年間の講義は時間切れとなりました。江戸時代から講義を始めること自体はまちがっていないにしても、講義の構成としてはお粗末だと思った記憶があります。

おそらくその教授は、江戸時代から話し始めたほうが教えやすかったのだと思います。

第3章

「伝わる話」にするために

8

話の導入は、「聞き手」に「必要性」を伝える。

3章では、私がどのような講義をしているのか、具体例をあげて説明していきたいと思います。不動産関係の例が多くなりますがお付き合いください。

導入は「話を聞く必要性」から説明する

まずは、導入部分についてです。ここは本当にむずかしい。最初に話を聞いてもらえないと、その後もずっと話を聞いてもらえないと思えるからです。本当はそんなことはないのでしょうが、話の出だし、導入に悩む人は多いと思います。

私の場合、講義を始めるにあたっては、「**話を聞く必要性**」の説明から入ります。

聞き手に「今日の講演、研修は、きちんと聞いておいたほうがいいな」という気持ちになってもらえれば、その後の説明が入りやすくなると思うからです。

もっとも、必要性の説明にどの程度の時間をかけるかは、聞き手の属性によります（ここでも大切なのは聞き手を意識することです）。

新入社員研修であれば、必要性の説明は軽くていいでしょう。大部分の人は、この会社で頑張ろう、仕事に必要な知識を吸収しようという気持ちを持っているはずです。必要性についてはすでにインプットされている状態なのです。それよりも、講義の全体概要や、おおまかな時間配分、業務との関連性の説明に時間を割《さ》きます。

宅建試験など資格試験の場合も同様です。自費で資格試験の講座に申し込んでくる人は、「モトを取ろう」という気持ちがありますから、講義の必要性を説明して動機付ける必要はないのです。それよりも、その日の講義内容の出題頻度などをさっと説明し、さっさと解説に入ったほうが喜ばれます。

同じく資格試験講座の講義であっても、講座費用は会社が負担し、社員は強制参加を義務付けられているという場合には、ひと工夫が必要です。資格取得のメリット、学ぶ楽しさを混じえながら、参加者のモチベーションを上げていく必要があります。

一方、無料かつ強制参加の研修では「イヤイヤ参加している人」もいると思って間違いないです。企業の研修でも中堅社員対象のものや、中途入社者が含まれている場合などは、「その内容は知っている」「その分野は自分とは関係ない」と思っている人もいるものです。

聞き手側が軽いバリアを張っている状態です。まずこのバリアを取り除かないと、効果を上げることができません。会場全体の空気もだらけたものになってしまいます。こういう場合には、導入を丁寧に行う必要があります。

視覚に訴える

では、導入部分でどうやって、「話を聞く必要性」を伝えていくのか。

1つの方法として「**視覚に訴える**」というものがあります。

次ページの図は、インターネットのユーザーが不動産業者を何社訪問したか？ということを示したものです。左の大きな円グラフは賃貸、売買合わせた平均訪社件数です。右の2つの小さい円グラフは、上が賃貸、下が売買の平均訪社件数です。

私が不動産業者を対象にネット営業の必要性を説明する際には、この図を使うことが多いです。話を聞いているのは不動産業者です。訪社件数が増えることが成約件

講演、講義に使う図①【インターネット・ユーザーが不動産業者を何社訪問したか？】

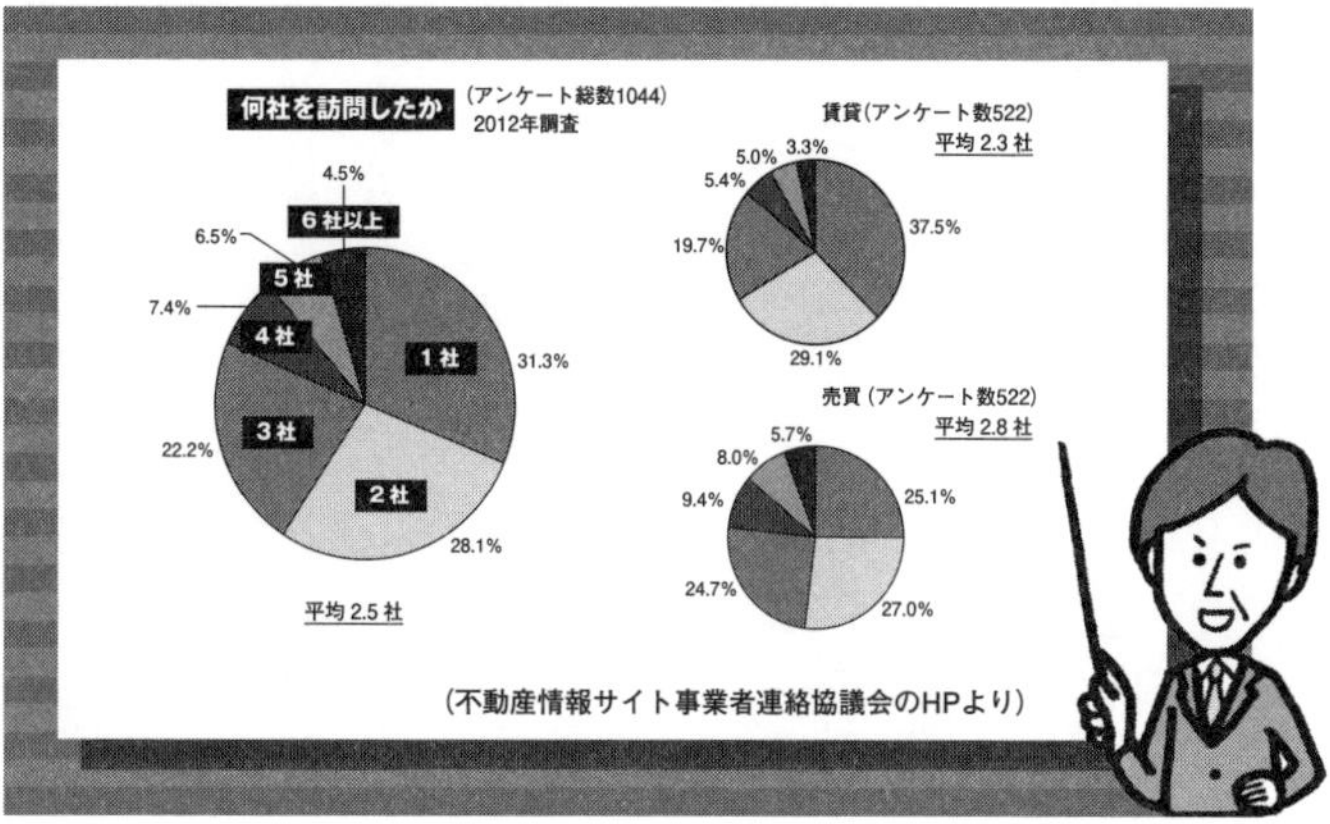

数、つまり売り上げに大きな影響を与えますから、「ユーザーは何社訪問したか？」というデータには、関心が深いのです。

簡単なあいさつ、講義概要の説明の後、「それではこの図をご覧ください」と言って、図をスクリーンに大写しします。

なお、私はパワーポイントのスライドショーを使って説明していますが、パワーポイントを使わない場合は、配布した資料にこの図が載っていると思ってください。

「この図をご覧ください。賃貸では、平均訪社件数は2・3件となっております。つまり上位、2〜3社に入らなければ訪社してもらえない、ということがわかります」

「駅前の路面店（1階店舗）だからといって、何もしなくてもお客さんが来てくれるという時代は終わったのです。飛び込みのお客さんの数が減っているという実感をみなさんお持ちですよね」

というように説明します。

不動産業者はたくさんあります。その地域で上位2〜3社に入る、というのは大変難易度が高いのです。このような厳しい環境下にあることを視覚的に理解してもらうために、図で示すのです。

そのうえで、「上位2〜3社に入るためには、何をしなければならないのか。それをこれから説明するので、しっかり聞いてください」というメッセージを送るのです。

図を使って、関心を引く

ここで少し余談です。

読者の皆さんもご経験あるかもしれませんが、最近の賃貸物件選び（物件の情報収集）はインターネットが中心です。ひと昔前のように情報誌で調べたり、不動産業者の窓に貼りつけてある物件情報から選んだり、ということは少なくなっています。ネットで情報を調べ、メールで問い合わせができるから、直接来店する必要がないのです。ネット上で物件を絞り込み、候補に残った2～3件を実際に現地に行って確認し、最終的に契約する物件を決める、というのが最近のユーザーの行動パターンです。

不動産業者にすれば、これは深刻な問題です。今までのように来店を待っているだけでは、売り上げが減ってしまうのです。

「時代は変わっている。今までのやり方は通用しない。では何をすべきなのか」という説明をこれからしますよ、話を聞かないと損ですよ、と69ページの図を使って訴えていくのです。

いわゆる話の「つかみ」です。状況を説明し、関心を持ってもらったうえで、ネット営業やメール営業の重要性について訴えていきます。

しかし、来店者数が減っているということは、実は私が説明するまでもないことなのです。大方の不動産業者は、飛び込み訪問が減っていることを実感しています。いわれなくてもわかっていることです。それでもいいのです。

講演、講義の導入部というと「刺激的なことを言って聞き手の関心を引き付けなければならない」と考える人が多いようですが、そんなことはありません。むしろ、**みながある程度知っている内容だからこそ、聞き手がすっと講演に入っていける**、という面もあるのです。

講演、講義の導入部は、必ずしも斬新なものである必要はないのです。「つかみで聞き手をグッと引き付けよう」「インパクトのある導入にしよう」と気負いすぎると、とたんに難易度が上がります。

導入部が浮かばない ──→ その後の構成も考えられない ──→ 講師を引き受けたことを後悔する、といった事態になりかねません。

ただし、**導入部である以上、ひと工夫が必要**です。先ほどの例では、調査結果のデータを図で示したことです。聞き手が感覚的に感じていることを、客観的なデータで、しかも視覚的に訴えるから、すっと話に入っていけるのです。単に言葉で「来店数が減っていますよね」と話すのでは、なかなか共感は得られません。図表や具体的なエピソードを使うことで、「そうだ、そのとおりだ！」という気持ちになってもらいます。

講師が聞き手と共通の土俵に立っていることを示すことで、この後の講義を聞こうという気持ちになってもらうのです。

有名講師も「話を聞く必要性」から始めている

「話を聞く必要性」から説明に入るとは、言い換えれば、講演、講義の効用を伝える、ということです。聞き手に「これからの話を聞いてもらえれば、こういう知識が得られますよ」「聞き終わった後には、こういう状態になっているはずですよ」と伝えることで、**関心を持ってもらうとともに、話を受け入れやすい姿勢を作ってもらう**のです。

『あの有名著者は講演会で何を話しているか』によれば、彼らもこの方法をとっているようです。

例えば、ベストセラー『脳に悪い7つの習慣』『〈勝負脳〉の鍛え方』の著者でもある、脳神経外科医の林成之先生は、次のように講演を始めているようです。

「本日は『本当の脳の仕組みを知る』というテーマでお話ししたいと思います。あと、ビジネスにも応用できる勝負脳についてもお話しします。なぜ世の中には勝負強い人とそうでない人がいるのか、ということですね」

『あの有名著者は講演会で何を話しているのか』

林成之先生といえば、水泳の北島康介選手のオリンピック連続金メダルにも貢献したといわれる「勝負脳」の権威です。それだけでも話を聞いてみようと思いますが、「ビジネスにも応用できる勝負脳についてもお話しします」とまで言われれば、グッと身を乗り出して聞きたくなりますよね。

もう1人、カリスマ講師である藤原和博さんの講演例も引用したいと思います。藤原さんは、東京都初の民間企業出身の区立中学校長として大活躍され、教育界に一大旋風を巻き起こした人です。著書も多く、多方面で活躍されているので、ご存じの人も多いと思います。

藤原さんは、ある講演で「20世紀の成長社会においては『正解主義』でよかったが、成熟社会である21世紀には新しい能力が必要である」として、次のような話をされているようです。

「本日は21世紀型の『情報編集力』について体感し、納得し、運用できるような技術を伝授したいと思います。これさえ身につければ、会社のマネジメント力も、社内のチームビルディング力も、子育て力も、各段に上がります」

『あの有名著者は講演会で何を話しているのか』

講演の冒頭で、その話を聞くメリットをズバリ提示しています。マネジメント力が上がる、子育て力が上がる、というのがこの話のゴール、話を聞いた成果というわけです。マネジメントに悩む人（つまりすべての中間管理職）、よりよい子育てを願う人（親ならば誰しもそうでしょう）は、これから始まる話を聞いてみよう、と期待を持って耳を傾けますよね。

このように、**なぜ講師の話を聞く必要があるのか（話の効用、メリット）**を示せば、**聞き手を巻き込む**ことができるのです。「話を聞く必要性から始める」「その話を聞いたらどういう成果を得られるのかを示す」。

講演の冒頭は、この方法がいいと思います。

9 質問、沈黙で「聞き手」の関心を引く。

質問を投げかける

導入方法の紹介をもう1つ。**聞き手に質問を投げかけて、関心を引く**というものです。

みなさんは、「マンションの面積計算には2つの方法がある」という話を聞いたことがあるでしょうか。マンションの購入を検討したことがある人は、ご存じかもしれませんが、一般の人であれば、「そんなものかな」ですませてしまうものだと思います。

しかし、不動産会社の新入社員研修では、2つの計算方法がある理由を解説していきます。プロである以上、その理由についてもきちんと説明できないと困るからです。

新入社員研修などでこのことを解説するときは、

「マンションの面積は2つあるって、知っていますか？」

こんな質問から入ります。

「ウン？　面積が2つ……。何だそれ？」と疑問に持ってもらうためです。

そこで、

「面積は縦×横で決まります。2つあるわけないじゃないかって思いますよね。そうです。つまり、面積の計算方法が2つあるということです」

とつないで、スライドに図を映します。ここでも図を使います。視覚に訴えたほうが理解しやすいことに加え、講師自身があがるのを防ぐという効果もあるからです（その理由は、6章で解説します）。

「1つは、壁の内側から測る方法です。図ではa×bによる面積になります。この計算方法を内法《うちのり》面積と呼んでいます。もう1つは、壁の中心線から測る方法。図ではc×dによる面積になります。この方法による面積を壁芯《へきしん》面積といいます」

講演、講義に使う図②【2つある！ マンションの面積計算】

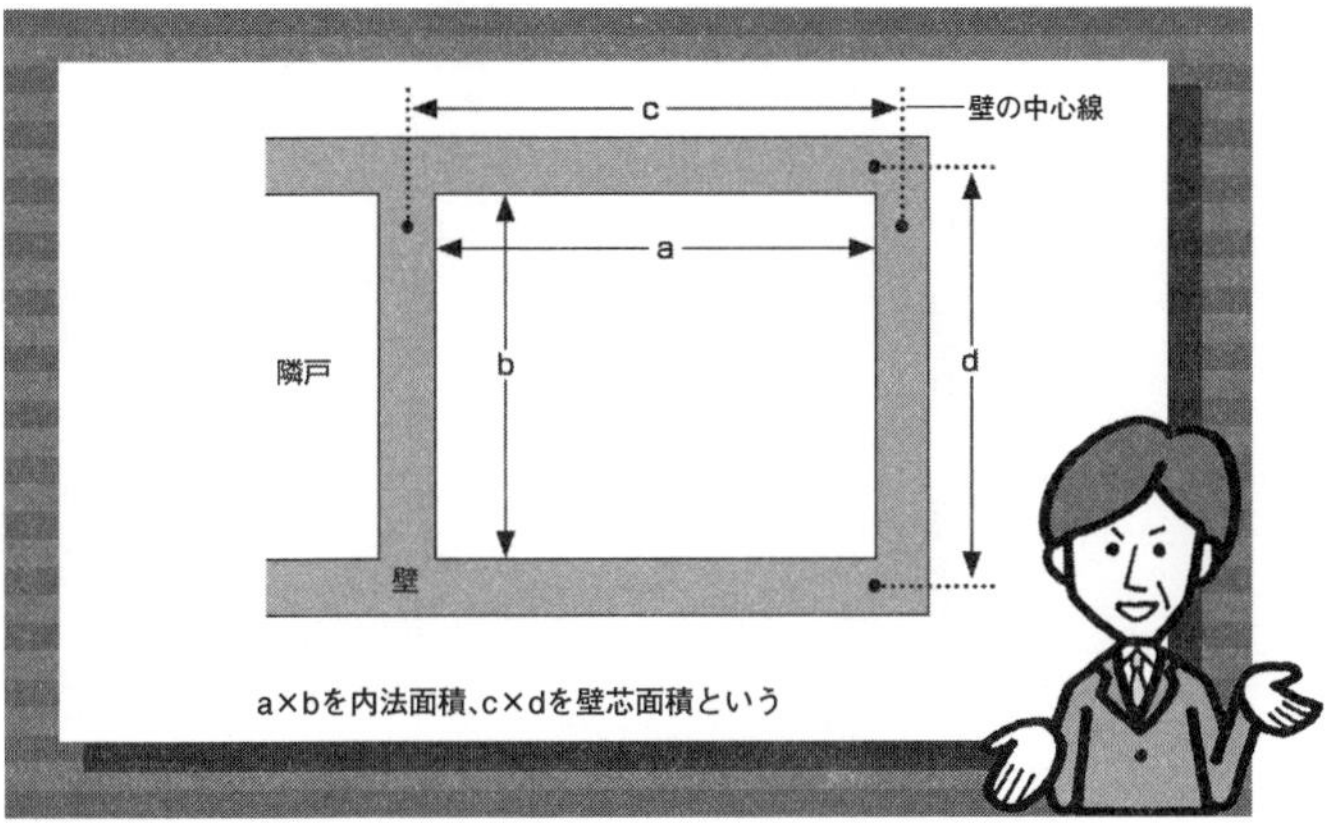

と、2つの計算方法があることを説明します。その後で、

「では、なぜ2つの計算方法があるのだと思います？」

と問いかけます。

新入社員研修であれば答えられる人はまずいません。

「そんなの知らないよ。誰かエライ人が決めたんでしょう？」

くらいに思っているのが正直なところでしょう。

私としては、このような発想を壊したいのです。「そんなもんだろう」で片付けないで欲しいのです。なぜそんな法律やルールがあるのかに興味を持ち、疑問があれば調べるという姿勢を身に付けて欲しいと願っています。

プロとして活躍するためには、その姿勢が必要だと思うからです（私の研修を受ける「効果」はそこにあると思っています）。

挑発する

そこで、こんな話をします。

「不動産広告では壁芯面積、つまり広いほうの面積で表示します。ところが登記*では、内法面積、つまり狭い面積で登記されます」

「ということは、法律上の権利として認められる面積（登記される面積）は狭い面積であるにもかかわらず、広告では広い面積を表示している、ということになります」

ここで再び質問します。

「これってズルイと思いませんか？」

みな、少し困った顔をします。ズルイと認めていいのか、どうなのか……。そこで

* 研修では登記とは何かについても説明しますが、ここでは「そのマンションの所有者が誰であるか示す台帳のようなもの」だと思ってください。

思いっきり挑発します。

「みなさんが入った不動産業界は、そういうズルい業界、ブラックな業界なんですかね？」

ここでイエスと言うわけにはいかないでしょう。彼らはもう業界の人間なんですから。さらに「講師がこんな質問をする以上は何か理由があるはずだ」と考えます。

そこで次々に指名して、どうしてこのような事態が起きるのか、それぞれの考えを聞いていきます（本書では説明しませんが、もちろんきちんとした理由があります。不動産業界がズルい業界というわけではありませんからね。念のため）。

その理由を最初から説明してしまっては、能がありません。聞いたほうは、すぐに忘れてしまうでしょう。

ところが質問され、**自分の頭で考えたことは記憶に残ります**。私の研修を受けた以上は、理由、背景も理解し、きちんと説明できるようになって欲しいという思いから、このような手間をかけた説明をするわけです。

指すことで緊張感を与える

最初に「マンションの面積は2つあるって、知っていますか?」と言うときは、個人を指名するわけではありません。全体に対し、質問を投げかけるだけです。

ところが、「なぜ2つの計算方法があるのだと思います?」「これってズルイと思いませんか?」と理由を聞くときは、誰かを指して答えを求めます。

こうすると軽い緊張感が生まれます。「ヤバイ、次、あたるかも」と思って真剣に考えてくれます。講師のひと言ひと言を集中して聞くようになるのです。

ときには、ピントのズレた答えをする人もいます。そうすると会場に笑いが生まれ、楽しい雰囲気になります。質問することにより、聞き手の関心を引くだけでなく、笑いにつなげることもできるのです。

沈黙で講義に集中させる

私は、通常は、パワーポイントを使って説明しますが、ときには配布資料やテキストのみで説明することもあります。その際、注意して見ていると、講義の進行から遅れる人がいるのがわかります。あるテーマの解説が終わり、次のテーマに入ろうとしているのですが、いつまでも前のページを見ているのです。

話題の変わり目では、「テキストの20ページを見てください」「配布資料4ページの上の図をご覧ください」というように、ひと声かけてから、説明に入るのが鉄則です。

しかし、こちらが指示しているにもかかわらず別のページを見ている人がいるのです。たぶん、テキストに書いてある別の記述に気を取られたり、直前の話の内容について考えたりしていて、すぐには次の話題に移ることができないのだと思います。

こういう「別のことを考えている人」を置き去りにして話を進めては、その人は次のテーマが理解できなくなってしまうおそれがあります。

ここは丁寧に、

「いいですか20ページですよー」

と声をかけてあげることが大切です。それでも開かない場合もあります。相手が20代の若い人であれば、

「はい、そこの君。20ページだよ」

と言ってあげることもできますが、ある程度年齢のいった人だと、そういう声かけは不愉快に思うことが普通です。そういう場合は間を取ります。


「テキストの20ページを見てください」

と言った後、講師が黙っていると、会場の空気が変わります。

「あれ、先生どうかしたのかな?」

と思うわけです。

そこでもう一度、

「テキストは20ページです。○○の説明をします」

と言うと、まず、そのページを開いてくれます。

私語には間を取る

この間を取る、沈黙する、という手法は、私語があるときにも使えます。業界団体の研修などでは隣同士で話をしている人もたまにいます。いや、正直に言いましょう。かなりの確率でいます。

講義を聞いていないのではなくて、講義に関連する内容について話し合っているのです。テキストや資料を指しながら、2人で何か言っています。当人たちは小さい声で話しているつもりなのでしょうが、会場によっては意外に響きます。

そんなときでも、「そこ、静かにして」と叱るわけにはいきません。学校の先生ではないですからね。そうかといって放置すれば他の受講者に迷惑ですし、こちらも気が散ります。

そういう場合にも沈黙です。間を取っていると、会場があれ？　と思って静まります。その2人の私語だけが会場に響きます。さすがに気が付きます。

そこで、落ち着いて、

「よろしいですか。では、○○の解説をします」

と言って、講義に戻ります。

10

「聞き手」の理解を助けるために、わかりやすい表現で伝える。

数字は実感できるようにする

講演、講義の際に調査結果など数字を使うことも多いと思います。調査結果など客観的なデータはうまく使えば効果的なのですが、聞き手の中には数字を苦手に思う人もいます。だからできるだけイメージしやすい表現に置き換えたり、グラフにしたり、という工夫が必要です。

例えば、

「マンションの大規模修繕工事を実施する際に、修繕積立金が不足するマンションも多いのです。国土交通省の調査*によれば、約21％のマンションが一時金の徴収や金融機関から借り入れを行っています」

＊ 平成20年度のマンション総合調査。マンションは10〜15年に一度、大規模な維持修繕工事を行う必要があります。その費用を住民（マンション所有者）が積み立てているのですが、不足しているマンションが少なくないのです。

という説明をする場合、約21％という数字で終わらせずに、

「マンションが5棟あればそのうち1棟は、一時金の徴収や借り入れが必要だったということです」

と補うとより伝わりやすいと思います。

さらに、講演の参加者が50人なら、

「この会場にいるみなさんが、別々のマンションに住んでいるとすれば、10人の方は、修繕積立金不足の問題に直面するわけです。（会場の10人程度の固まりを指して）こちらの方々ですね。（その中の1人を指して）どうします？ 突然、大規模修繕するので、1戸あたり50万円負担してください、と言われたら。困りますよね？ え!? 50万くらいポンと出す？ お金持ちなんですねー」

と話していくと聞き手を巻き込んでいけます。データで示された数字が一般論ではなく、実感値として感じられるようになるからです。

指示語はなるべく使わない！

図表を使う、質問で巻き込む、数字をグラフ化するといったこと以外にも、説明にあたって注意していることがあります。その1つは、**指示語はなるべく使わない**、ということです。これ、あれ、それの連発では、聞き手がわからなくなる可能性があります。講義に熱が入ってくると、つい指示語を多用しがちなので注意が必要です。

「ラジオで、『これくらいの大きさ』『こんなに長い』と言ってもまったく通じません」

こう教えてくれたのはスピーチ・トレーナーとして活躍されている西任暁子《にしとあきこ》さんです。

私も西任さんのスピーチ講座を受講したことがあります。西任さんのスピーチの仕方は、パワーポイントやテキストを使わないスタイルなので、私の講演スタイルとは違うのですが、言葉の使い方へのこだわりは大変勉強になりました。

また、専門用語やむずかしい言葉を使った場合には、わかりやすい言葉に言い換えてあげる必要があります。先ほど例にあげた、内法面積、壁芯面積という言葉も、その意味を知っている人でも、いきなり言われると戸惑うかもしれません。「ウチノリメンセキ」が「ウチノメンセキ（家の面積）」などと聞こえたりするのです。

そこで、

「内法面積、壁の内側から測る面積ですね」

という具合に、言い換えてあげると誤解が防げます。**専門用語、誤解されやすい用語の後には、わかりやすい言葉を添えることで聞き手の理解を助ける**のです。

11

研修講師は「知識」を売っているのではなく、「時間」を売っている、と心得る。

聞き手はどこでつまずくのか考える

講演、講義の構成を作るにあたっては、「**聞き手がどこでつまずくのか、わからなくなるのか**」を考える必要があります。**聞き手の立場に立って考える**のです。その際には、過去の講演、講義で受けた質問が役に立ちます。

1つ事例をあげて説明します。また不動産の話になりますが、少しお付き合いください。

宅建試験で次のような問題が出されたことがあります。

問題：次の文章は正しい（○）か誤り（×）か
高さ25ｍを超える建物には、避雷設備を設置しなければならない。

法律では、「高さ20ｍを超える建物には、避雷設備をつけること」を義務付けています。高い建物には落雷のリスクがありますから、避雷針などの設置が必要なのです。その知識を問う問題です。みなさんはこの問題の答えは、正しい（○）と思いますか、それとも誤り（×）だと思うでしょうか……。

正答は、正しい（○）です。

「高さ20ｍを超える建物には、避雷設備を設置しなければならない」
↓「『高さが25ｍを超える建物』は、20ｍを超えている建物になる」
↓「問題文の建物には、避雷設備を設置しなければならない」

ということです。これを読んだ大部分の人は、「正しい（○）に決まっている。説明する必要なんてあるのか？」と思うかもしれません。

私もこの問題は、「高さ20mを超える建物には、避雷設備をつけること」という知識がある人ならば間違えるはずはないと思っていました。

ところが、受講生のAさんが、この問題の正答は誤り（×）ではないか、と質問してきたのです。

「テキストには、『高さ20mを超える建物には、避雷設備をつけること』と書いてありますよね。『25mを超える』としている問題文は誤り（×）ではないのですか？」

と言うのです。Aさんの質問の意味がわからない、という人もいるかもしれません（Aさんがどういう勘違いをしたのか、想像力が必要です）。

Aさんはテキストに書かれている文章（法律の条文）と問題文の文章が不一致だから、誤り（×）ではないかと言っているのです。

Aさんは、まじめな方で模擬試験でも高得点を取っていたので、この質問には驚き

講演、講義に使う図③【避雷設備は25mの高さに設置する?】

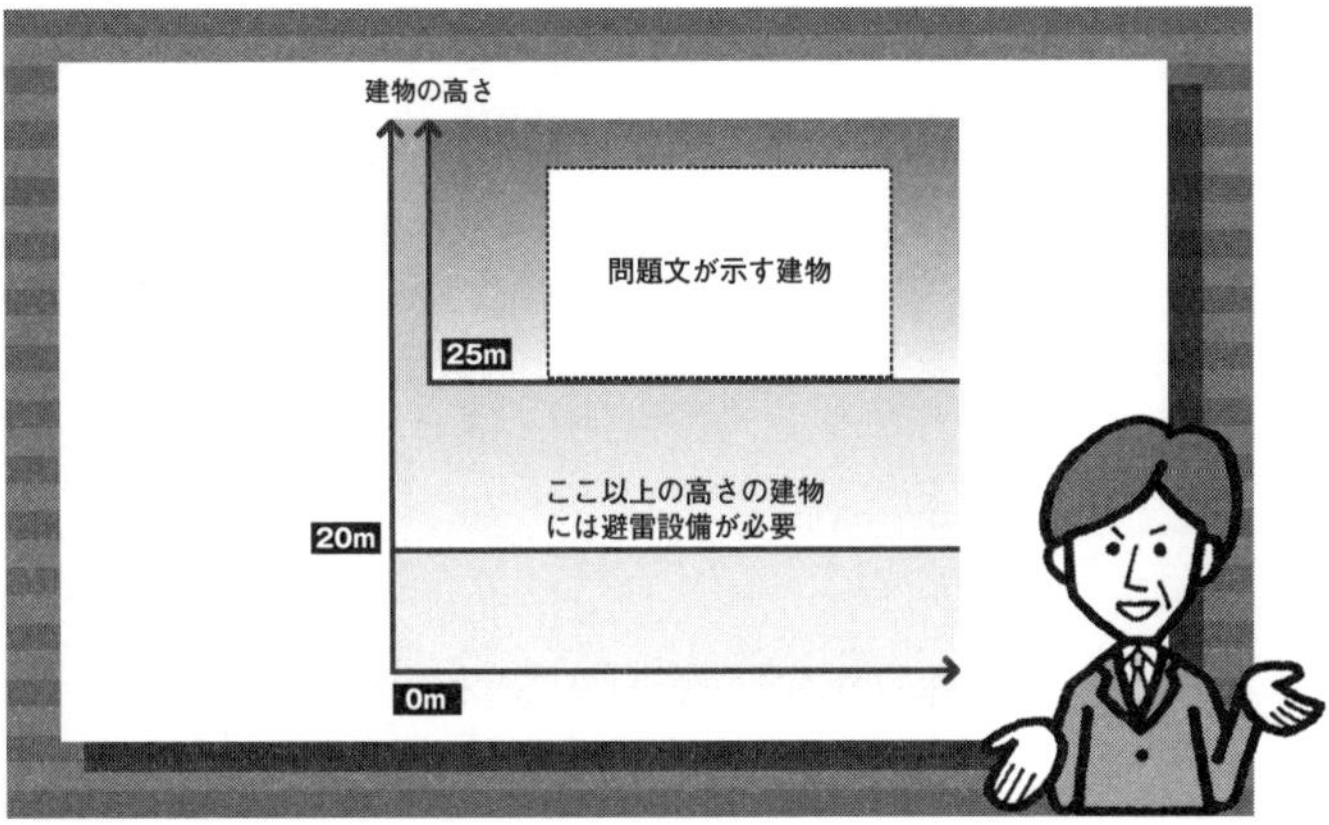

ました。みなさんなら、どう説明しますか?

わからない人の気持ちによりそう

ここで「落ち着いて問題文を読んでくださいよー」でごまかしては、講師がいる意味がありません。私は図に書いて説明しました。

「法律は、高さ20mを超える建物には避雷設備を、といってますよね。高さ25mを超える建物は、20mを超えています。だから避雷設備が必要なのです」

わかっている人には当たり前のこと

で、図に書くまでもないことでしょう。しかし、「問題文（高さ25ｍを超える建物）と条文（高さ20ｍを超える建物）は不一致だから誤りだ」と思い込んでいる人には丁寧な説明が必要です。私はさらに続けました。

「もし、問題文に『高さ25ｍを超える建物のみに、避雷設備を設置しなければならない』とでも書いてあれば、確かに誤り（×）ですよね。でもこの問題文は、25ｍを超える建物のみ、という限定はしていませんよね」

ここまで説明すると、Ａさんも得心がいったようでした。私は次の講義からは、この点についても解説するようにしました。優秀なＡさんが、誤解したのですから同様の誤解をする人もいると考えられます。講義でそこを説明して、受講生が悩む時間を減らしてあげるのです。

研修講師は時間を売る

このように受講者からの質問、感想は講演、講義の内容を考えるヒントにつながることが多いのです。

特に知識を教える研修講師の場合、初学者がどこでつまずくのか気が付くことはむずかしいものです。**講師にとっては「常識」でも、受講生にとってはちんぷんかんぷん**ということもよくあります。**そこを先回りして、解説することができれば他の講師との差別化**になります。

単に知識を教えるだけなら、誰でもできます。もっといえば、知識だけならテキストに書いてあります。受講生が間違えやすい点、勘違いしやすい点を解説するからこそ、講師がいる意味があるのです。受講生が迷う時間を省いてあげるのが講師の役割なのです。

研修講師は「知識」を売るのが仕事ではない。「時間」を売るのだ。

これが私の持論です。正確には、**時間を短縮する技術を売る**、ということですが。1章で、「どうすれば限られた時間内で合格できるようになるか」ということを考えた講義の内容にする、と説明しました。これも時間を（短縮する技術を）売るということを意味します。

他の講師であれば、200時間の勉強が必要なところを150時間、100時間の勉強時間で合格に導く。そこに講師としての存在意義があると思うのです。

受講生は私の講義を聞くことによって、本来勉強にあてる必要のあった50時間、100時間という時間を手に入れることができるのです。その時間を買うために、受講料を支払っているのだと考えています。

短時間の勉強での合格を可能にするためには、出題可能性の低いところ、理解するのに時間がかかるところは省略し、**得点しやすい分野を重点的に説明する必要**があります。「わかりやすい説明ができる」だけでは、研修講師としては半人前なのです。

質問は積極的に受ける

「初学者がどこでつまずくのか」を知るためにも、質問は積極的に受けることをお勧めします。

講師の役目は聞き手の役に立つこと、と考えれば質問に回答するまでが仕事ですし、何よりも、**講演内容をより良いものにするヒントをもらえる**ことが多いからです。聞き手が何に悩み、どこでつまずくのかが、質問を蓄積していくことでわかるようになります。

ここでは資格試験講座を例に説明しましたが、講演講師やセミナー講師、プレゼンの場合でも同じだと思います。**聞き手が何を疑問に思うのかを把握し、それを踏まえて内容を構成する**のです。

そのために講演終了後も、少し会場に残っているほうがいいと思います。講演会、研修会が2部構成になっていて、次の講師がいるという場合は別ですが、そうでなければ会場に残って参加者を見るようにしましょう。

話の内容にもよりますが、こちらをチラチラ見ている人がいることがあります。質問をしようかどうしようか迷っている人です。「どうぞ！」と声をかけてあげれば、必ず近づいてきてくれます。

こういう人の質問をきちんと拾うことが、講演内容を高めることになります。すぐに控え室に戻ってしまうのは、もったいない話です。

第4章

「メッセージ」で聞き手に変化を起こす!

12 講演、講義にメッセージを込める。

メッセージで説得する

講演、講義にメッセージを込めることができれば、話に迫力が出ます。

「今日学んだ知識を活用して業界で活躍して欲しい」「試験に合格することで、自信と専門的知識を得て欲しい」というメッセージです。

講師がメッセージを意識すると、講演、講義に迫力が出ます。単に知識、経験を説明するのではなく、自分のメッセージに共感してもらえるよう**説得する姿勢**になるからです。

もちろん、この本にもメッセージがあります。

「上手な話し方ではなく、伝わる話し方を目指そう」ということです。「そのためには、目的、聞き手を考えたわかりやすい説明（構成）にしよう」「わかりやすい説明の心得を身に付け、自分らしい講演、講義をしよう」「結果を出そう」。

これがこの本のメッセージです。

講演、講義も文章同様、何かを伝えることが目的のはずです。その「何か」を明確にすることで、より伝わりやすいものになるはずです。

さらに、**メッセージがオリジナルなものであれば、他の講師との差別化**につながります。講師を職業の1つとすることを考えている以上は、オリジナルなメッセージを発見する能力も求められると思います（このあたりの話は7章でまた説明します）。

試験の答案は丁寧に書くべきか？

メッセージの例を1つあげたいと思います。

私は以前、不動産鑑定士試験講座の講師をしていたことがあります。鑑定理論という科目を担当していました。この科目は「試験では、鑑定評価基準*の言葉でとにかくたくさん書け。答案に書いた分量が多いほど得点になる」といわれていました。

＊ 不動産鑑定士が不動産の鑑定評価を行う際に用いる評価手法や、原則について書かれた文書です。

ところが、試験時間内に多くのことを書こうとすると、字が乱れて読みにくくなってしまいます。字が丁寧で量が少ない答案（A）と、量が多くて字が汚い答案（B）とでは、どちらがいいのか、多くの受験生が迷っていました。

次ページの図を見てください。字が丁寧かつ量も多い（○の部分）のが一番です。字が汚くて量も少ない（×の部分）は論外です。問題は、（A）と（B）のどちらがいいのかということです。

あるとき、元試験委員の先生が「答案の字を丁寧に書いてくれ。汚い字で書かれると、読みにくくて困る。そうかといって読まないわけにはいかないし」と言ったという話が伝わりました。

多くの鑑定理論科目の講師は、この話を受けて「字を丁寧に書こう。それが合格するコツだ」と言いました。なにせ元試験委員が「字を丁寧に書いてくれ」と言っているわけですから。図でいえばA＞Bが多くの講師の出した結論です。

AとBではどちらの答案がいい?

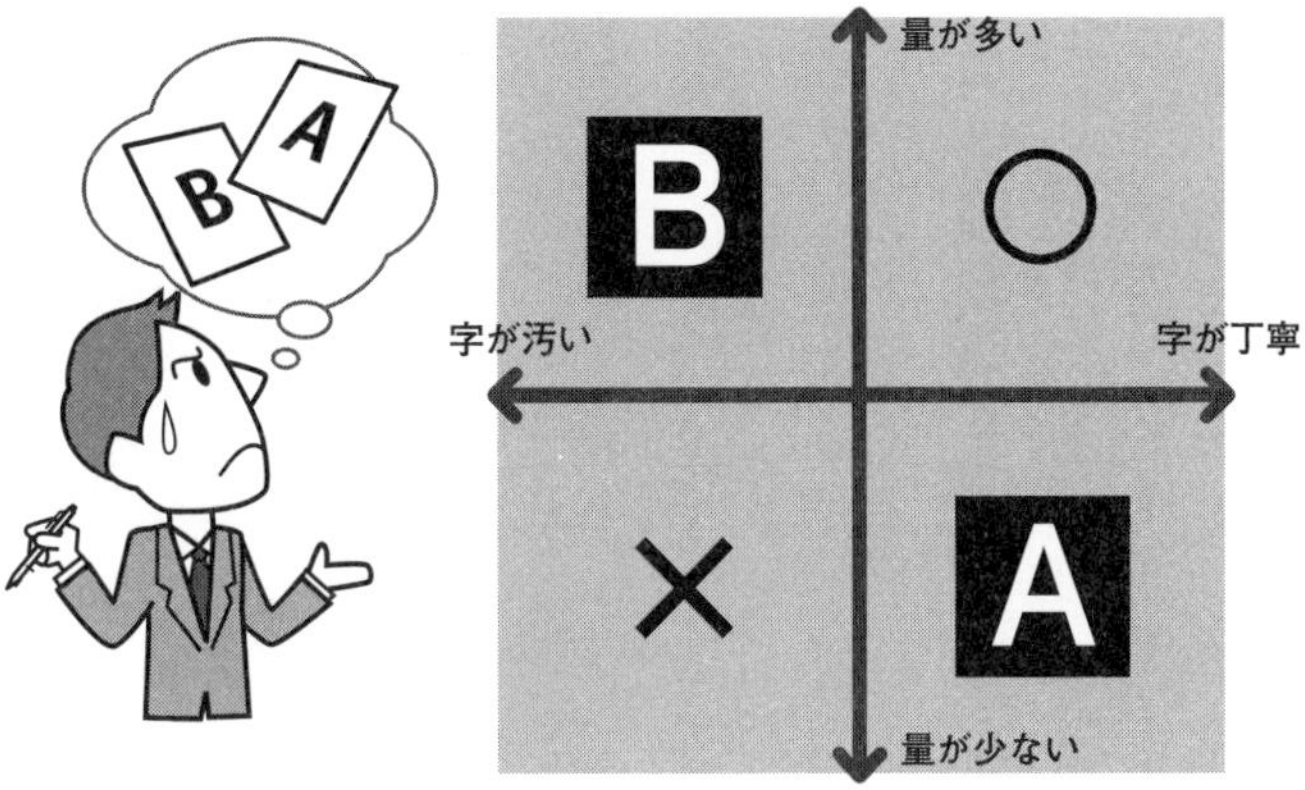

乱筆でも読まれるはず

しかし、私はこう考えました。元試験委員は、「字が汚くても読まなければいけない」と言っています。ということは「字が汚くても読む」ということです。「字が汚い答案は読みません」とは言わなかったのです。少し考えれば、これは当然のことです。国家試験の採点基準に「字が丁寧であること」という曖昧な項目はないでしょう。試験委員を引き受けた以上、読みにくい答案があっても仕事として読まなければならないのです。

とすれば、字が丁寧で量が少ない答案(A)よりも、字が汚くても量が多い答案（B）のほうが合格する確率は、高まるはずです（量が多い答案が高得点になるという前提です）。つまり、A∧Bが私の結論です。

もっとも、解読不能な文字ではいくら書いても意味がありません。しかし鑑定評価基準の言葉で書いてある限り、かなりのクセ字でも読めるのです。知らない言葉は明瞭に書かれていないとわかりませんが、日常よく使う言葉であれば不鮮明なコピーであっても読めるでしょう。よく知っている言い回しであれば、乱筆でも解読できるのです。

試験委員は鑑定評価基準に精通しています。鑑定評価基準の言葉で書いてあれば乱筆でも読めるはずなのです。

意外性のあるメッセージを発信する

そこで私は受験生に以下のようにアドバイスしました。

①試験委員は字が汚くても読む、と言っている。きれいな字を書くに越したことはな

いが神経質になるな
②それより量を書け。関連する事項はすべて書いて、「私は鑑定評価基準をよく理解している」「しっかり勉強した」ということをアピールしろ
③ただし、自分の言葉ではなかなか得点にはならない。鑑定評価基準の言葉で書け。また鑑定評価基準の表現であれば乱筆でも読んでもらえる
④だから、鑑定評価基準を徹底的に覚えろ。覚えるために理解しろ

大ざっぱにいえば、こういうことを受講生に語りかけました。一番伝えたいのは④です。しかし単に④を力説するだけでは面白くありません。そこで①の「字が汚くてもいい」という意外な発言で受験生に刺激を与えつつ、④の「鑑定評価基準を徹底的に勉強せよ」と訴えたのです。

メッセージが人を動かす

資格試験対策の講義ですから、その目的は試験合格にあります。受講生に合格してもらうためには、鑑定評価基準をしっかり勉強してもらう必要があります。**受講生を**

やる気にさせる。合格という結果を出す。これが、講師である私の仕事です。

勉強に集中してもらうためには、「字が丁寧な答案と、量が多い答案のどちらがいいのか」などという悩みに時間を使って欲しくないのです。

そこで、「字の巧拙に悩んでいるヒマがあるなら、鑑定評価基準をしっかり勉強しよう」というメッセージを伝えたのです。これは受講生の共感を得ました。説得力のあるメッセージだったからでしょう。

「答案は丁寧に書きましょう」というのは当たり前の話です。何の意外性もありません。それを聞いても受験生に何の変化も起きません。行動につながりません。講義を聞いても「効果」「成果」が得られないのです。メッセージ性がないからです。

ところが、「答案は汚くてもいい」というのは意外性があります。さらに、「字が汚くてもいいから、基準の言葉で書け」というのは「鑑定評価基準をしっかり覚えよう」という行動につながります。メッセージ性があるからです。

13 体験をメッセージに変える。

当たり前の話しかできない講師は「交代可能」な存在

講師として成功するには、**メッセージを発見する能力が必要**になると思います。

「きれいな字で、なおかつたくさん書け」では、当たり前すぎます。あなたが受講生なら、そんな当たり前の話を聞くために、お金を出そうとは思わないはずです。

また当たり前のことを話している限り、講師としては「交代可能」な存在です。講師Xも講師Yも同じ内容の講義（＝当たり前の話）をするのであれば、予備校は講師料の安いほうを採用するでしょう。当たり前の話＝メッセージ性に乏しい話をしている限り、講師はあなたでなくてよい、ということになります。

ところが、オリジナルなメッセージを発信できる講師を交代させるわけにはいきません。取り換え不可能な存在なのです。

受講生はその講師の講義を聞いてみたいと思うはずです。人気が出ます。予備校も、仕事をどんどん依頼してくるはずです。

犬が人を噛んでもニュースにはならない

もちろん、メッセージには説得力がなければダメです。「字の丁寧さ」と「分量の多さ」とどちらをとるか迷っている人に、「分量を優先するのだ」というメッセージを送っても説得力がなければ受け入れられません。

「字が汚くても試験委員は読まなければならない（採点基準に字の巧拙はないから）」「鑑定評価基準の表現で書けば急いで書いて多少乱れた字でも判読可能なはずだ」という理由付けがあるから、説得力が出るのです。

「私は、分量だと思います。なんとなく……」では受講生はついてきません。

講演講師であれば、研修講師以上にメッセージの発信力が重要になります。意外性のない話は聞き手を退屈させるだけでしょう。

「犬が人を噛んでもニュースにはならないが、人が犬を噛めばニュースになる」。これは講師の世界でも同じです。

体験をメッセージに変える

ここから先は、やや高度なテクニックの話です。**体験した事実をメッセージに変え、より効果的に伝える**という方法です。実は私もできていません。自分ではできないので、3章で紹介した、藤原和博さんのお話を例に説明させてください。

実は藤原さんは、私の新入社員時代の上司でもあり、尊敬も注目もしています。その藤原さんが、よく講演やテレビで話されるエピソードがあります。クレームを受注に変えるという話です。それは、おおむね以下のような内容です。

> 藤原さんが新入社員のとき、担当することになった会社から前任者あてにクレームが入った。「最近、全然訪問して来ないじゃないか!」というのだ。
> そこで引き継ぎを兼ねて、前任者である先輩とその会社を訪ねることになった。藤原さんは、先輩がてっきり平謝りしてお詫びするのかと思っていた。

ところがその先輩は、先方の不満を黙って聞き続け、その不満をもとに新しい提案をして、その場で前年実績を上回る商談をまとめてしまった。先輩から「藤原、申込書を出して」と言われたが、自分は申込書を持っていなくて怒られた。その日は謝罪が目的で営業するとは思っていなかったからだ。「営業マンなら、常に申込書は持っていなければダメだよ」。そう指導された。

本来、謝罪すべきクレーム対応の機会すら、営業の機会に変える力量に大変刺激を受けるとともに、営業の基本スタイルを学ぶことができた。

私がリクルートに在籍していた頃、直接この話をうかがった記憶がありますし、テレビでお話しされているのを聞いたこともあります。

簡単にいえば「クレームというマイナス状態を受注というプラス状態に転換するすごい営業力。それに刺激を受け自分も頑張った」という話です。

「**刺激を受けて自分も頑張った**」という部分に力点を置けば「**会社とは自分を成長させてくれる場所だ**」というメッセージになりますし、「**すごい営業力**」という部分に力点を置けば、「**リクルートはすごい会社だ**」というメッセージが伝わってきます。

クレームを受注に変えた話にみるメッセージ

藤原さんの話に込められたメッセージを探ると…

- ◉「**自分も頑張った**」という部分に力点を置けば「**会社とは自分を成長させてくれる場所だ**」
- ◉「**すごい営業力**」という部分に力点を置けば「**リクルートはすごい会社だ**」
- ◉「**クレームは、実は営業のチャンスなのだ**」というメッセージも

↑

メッセージ性があるので
聞き手に変化を起こす話＝効果のある話になる!

「**クレームは、実は営業のチャンスなのだ**」というメッセージを込めた話にもアレンジできそうです（以上は、私の解釈ですから、藤原さんの真意は別のところにあるのかもしれません）。

「申込書を持っていなくて怒られた」という自分の失敗談を話の中に入れているのも、うまいですよね。自慢話ばかりでは、鼻につきます。大活躍している藤原さん（リクルートでも誰もが知るスーパースター的存在でした）にもそんな新人時代があったのだ、と思えてしまいますからこの話は大変印象に残ります。

聞き手に変化を起こす話＝効果のある

話になるのです。

実は条件があるはずだ……

しかし、よく考えてみれば、この話をそのまま受け取ることはできません。

もし新入社員がこの話を真に受けて、クレームを受けたその日に申込書を出したら……。まず成功しないでしょう。

おそらくは出入り禁止になるはずです。「クレームを受注に変える」という話が成立するにはいくつか前提条件があるはずです。

①決裁者と話ができている

おそらく藤原さんと前任者の2人が会っていたのは、社長もしくはそれに準ずる立場の人だったはずです。担当者レベルでは、たとえ不満の解消ができても、申込書まではもらえません（クレームに対して、どのような対応があったのかを上司に報告してからでなければ、先に話を進めることはできないはずです）。

②基本的な信頼関係がある

来訪回数が減っていることに不満はあっても、前任者およびリクルートのメディアが信頼されていたのでしょう。いい採用をするにはリクルートのメディアを使う必要がある。こう思っていなければ、クレームなど入れずに競合にリプレイスされていたはずです。

③前任者がその会社の採用上の課題をよく理解している

その場で商談をまとめることができたのは、的確な提案ができたからです。先方の課題を理解していなければそんなことはできません。

以上は私の想像ですが、クレームを受けた場で新たな申し込みをもらうためには、少なくともこれくらいの条件は必要なはずです。

平凡な「事実」も、〝料理の仕方〟で印象的な話になる

ここで私がいいたいのは、藤原さんの話が不正確だ、ということではありません。仮に、事実が私の想像どおりだったとしても「決裁者と信頼関係を作るのが大切です」という話では、面白みがまったくありません。

メッセージ性がないのです。

それよりは、「クレームを受注に変えるすごい営業マンがいた」「新入社員だった自分はそこで刺激を受けて多くのことを学んだ」という話に変えたほうが人を引き付けます。インパクトがあります。

つまり、**素材（＝事実）をそのまま伝えるのではなく、自分なりに意味付けして提示しているの**です。それができるから藤原さんの話は、人を引き付ける魅力があるのだと思います。

さらにクライアントを訪問するのに、申込書を持参しなかったという自分の失敗談をさりげなく入れることで、説教臭さが消え、聞き手は共感しやすくなります。

「『事実』を『誇張』して、『飛躍』させると話に説得力が生まれます。人の心が感じて動くから腑に落ちるのです」

『はじめて講師を頼まれたら読む本』

吉本興業で多くの個性的な芸人さんのマネージャーを務め、今は「志縁塾」を主宰されている大谷由里子さんの言葉です。

藤原さんも「①クレーム受けたが、②キーパーソンとの信頼関係があったから、③クレーム処理の現場で前年実績を上回る受注ができた」という「事実」を、②の部分を省くことで（ある種の誇張です）、インパクトがある話に「飛躍」させているのだと思います。

事実は確かに説得力を持ちます。特に、他の人が体験したことがないような貴重な話であれば、講演で使わない手はないのです。

しかし「事実」をそのまま語っても、面白みがない、ということも往々にしてあります。

逆に、多くの人が体験するような平凡な「事実」であっても、講師の〝料理の仕方〟によっては、印象的な話になります。自分の経験した事実を、聞き手を動かすようなメッセージに飛躍させるにはどうすればいいのでしょうか――。

聞き手のことを考え、効果を上げることを意識しているからこそできるのだ、と私は思います。

第5章

パワーポイント活用法
―視覚に訴えれば、
もっと伝わる!

14 パワーポイントで、「聞き手」の視線を誘導する。

パワポの効果① ―― タイミングよく視覚に訴えられる

私の場合、講演や研修では、パワーポイント（これ以降はパワポと略します）を使用しています。講義内容、会場や依頼者の事情により、紙のテキストを配布して説明することもありますが、基本はパワポを使っています。

パワポは、プロジェクターで映し出す資料（スライド）を作成するソフトウェアです。代表的なプレゼンテーション・ソフトなので、使ったことがある、見たことがあるという人も多いと思います。パソコンの画面上で動く〝紙芝居〟のようなもの、といえば見たことがない人にも伝わるでしょうか。

その「パソコン上の紙芝居」を、プロジェクターを使って会場に映します。受講者が多くても紙芝居（スライド）を見せることが可能になるのです。

パワポを使えば、図表、写真、イラストなどをスライドに貼り付けていくだけで、簡単に講演資料を作ることができます。**視覚に訴えることで、聞き手の関心を引く**ことができますし、言葉だけではややこしくなる説明もわかりやすく伝えていくことができます。

第3章で例にあげた、インターネット利用者の訪社件数の円グラフもパワポで表示しています。そうすることで、聞き手の関心を引くことができますし、印象も強くなります。

図表に示すだけであれば、紙のテキストを配布するだけでもいいのですが、「この場面でこの図を見せたい」というタイミングで、必要なスライドを見せることができるのがパワポの大きな強みです。

また、スライドの順番を簡単に入れ替えられるので、講演の内容（構成）を考える際も、便利です（この点は後で説明します）。

パワポの効果②——聞き手の視線を誘導する

さらに、パワポのアニメーション機能を使うことで、あたかも板書しているように、図に書き加えていくことができます。アニメーション機能には、スライドインとかスライドアウトなど豊富なメニューがあり、スライドの指定された部分をクリックしたタイミングで表示したり、消したりすることができるのです。

第3章で例にあげたマンションの内法面積、壁芯面積を説明する際も、最初から図の全体をスライドとして映しては、効果的とはいえません。スライドにいろいろな情報が盛り込まれているために、聞き手は、講師が解説している部分とは別のところを見ている可能性もあります。

そこで、アニメーション機能を使って説明していきます。まずは部屋の間取り図だけ映します。

(図❶:間取り図のみ)

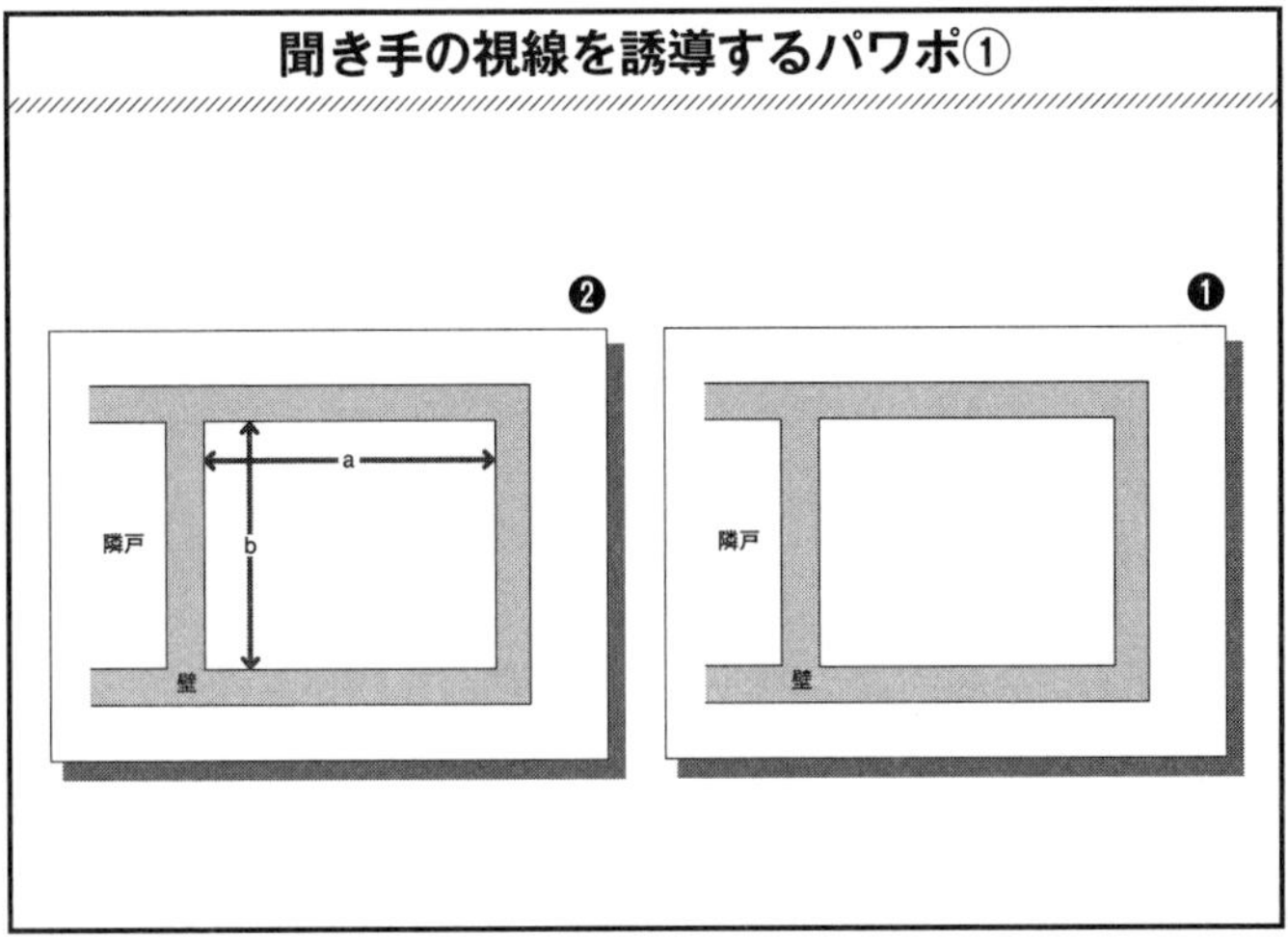

この図を見せながら、

「マンションの面積の測定方法には2つの方法があります」

と説明します。

そして、

「1つは、壁の内側から測る方法です。図ではa×bになります」

と説明したときに、a、bの矢印が出るようにします（スライドインを使います）。

（図❷：間取り図＋矢印a、b）

さらに、

「この方法による面積を内法面積といい

聞き手の視線を誘導するパワポ②

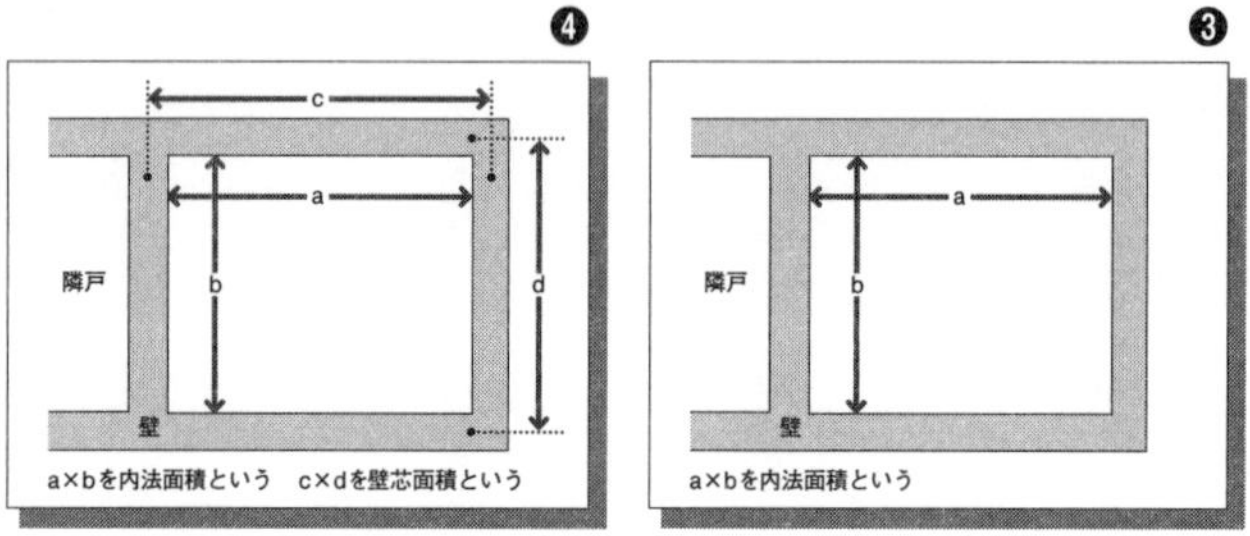

ます」

と言って、内法面積、という文字をスライドに出します。

次に

（図❸：内法面積の文字）

「もう1つは、壁の中心線から測る方法です。図ではc×dになります」

と言ったところで、c、dの矢印を出します。

（図❹：間取り図＋矢印a、b＋c、d）

「この計算方法による面積を壁芯面積と呼んでいます」

のタイミングで、壁芯面積、という文字を出します。

(図❹:壁芯面積の文字)

このように、説明したい部分に**聞き手の視線を誘導する**ことができるのです。これがテキスト(紙の資料)で配布したり、パワポでも最初からすべてを見せてしまうと、聞き手の視線とこちらの説明している部分とが一致しないことがあります。

講師が「a、bのように内側から測るのです」と言っているのに、ある人はc、dの部分を見ていたり、別の人は、内法と壁芯を自分で比較していたり、といったことも起こります。それを防ぐことができるのです。

内法、壁芯のように単純な図であれば、それほど大きな問題はないのですが、もっと複雑な説明の場合には、見せる順番を間違えると理解するのに時間がかかる、ということも起きてしまいます。

ホワイトボードに図を書いて説明するのであれば、聞き手の視線とこちらの説明とがズレるということは起こりません。「1つは、壁の内側から測る方法です」と言いながら、a、bの矢印を書き加えていくことができるからです。

　このように少人数の研修であれば、参加者ひとりひとりの表情を確認しながら板書し、話を進めていくことができます。

　しかし、人数が50人以上となると、それはむずかしくなります。

　そこで、パワポのアニメーション機能を使って、大人数の会場でも板書しているかのような効果を出すのです。

　なお、アニメーションには、指定した部分を強調したり、回転させたり、という機能もありますが、これらの機能を使うと講演、研修ではかえって見づらくなると思います。シンプルな機能のみを使って、説明のタイミングに合わせて必要な図表を映していくのがいいと思います。

パワポの効果③――構成の変更が簡単

　パワポは、実際の講演、研修だけでなく、**構成を考える際にも便利なツール**です。

　スライドの順番を簡単に変更できるので、作りやすいところからスライドを作り始めることができます。

パワポはスライドの順番を簡単に変更できる！

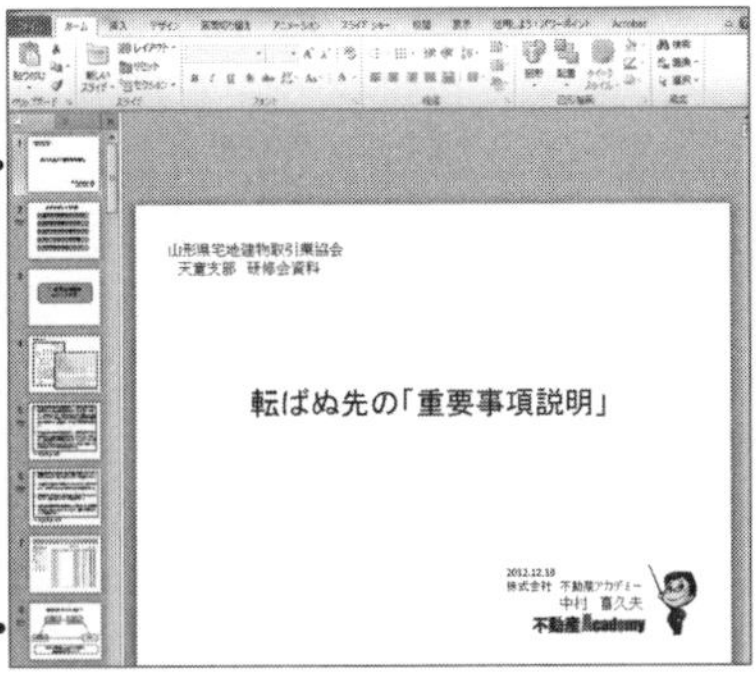

画面の左側にある、小さなスライドをドラックして入れ替えるだけで、スライドの順番が変わる

スライドを一覧表示する機能もあり、全体を俯瞰して順番を入れ替えることもできる

講演や研修のテーマが決まったら、参加者のニーズ、課題を想像しながら、スライドを作っていきます。

大きな目次立てを考えたら、あまり悩まずに思いついたことをどんどんスライドにしていきます。不要なものは映さなければいいだけです。あまりむずかしく考えずに、少しでも関係がありそうな図表、写真、イラストなどはスライドに貼り付けていきます。

なお、イラストや写真を使う際には、著作権を侵害しないよう注意が必要です。私は、イラストは独自に発注したり、自分の著書から引用するようにしています。

15

パワポは一覧表を作り、だいたいの時間配分を書いておく。

続いてスライドの作り方、つまり、講演、研修での内容の作り方について説明します。

①聞き手、講演、研修の目的に合わせて話す内容の骨格を考える

講演で話す内容をいくつかのパートに分けていきます。それぞれのパートで話すことをスライド化していきます。最初はタイトルだけでかまいません。

②それぞれのスライドのタイトルを見ながら、何を話すかを考える

聞き手はどこにつまずくのか、何を知っていて何を知らないのか、という想像力が大切です（質問の蓄積が役に立ちます）。聞き手の立場に立って、疑問点を徹底的に想像しましょう。

③**ビジュアル化する**

関係ありそうな図表、イラストなどをどんどんスライドに貼り付けていきます。

④**表現を工夫する**

伝えるにはいろいろな方法があります。質問から入る、結論を先にいい論証する、事例を出すなど。そのテーマをよく理解してもらえる表現を考えていきます。

⑤**スライドショーで見る**

文章でいえば推敲《すいこう》にあたります。わかりにくいところはないか、スライドの順序は適切か、時間内に終わるか（時間が余らないか）、といったことを考え、修正していきます。

ワンスライド、ワンメッセージ

パワポは講演、研修において便利なツールですが、スライド作成にあたっては注意すべきことがいくつかあります。

①ワンスライド、ワンメッセージ

1枚のスライドに伝えたいことを複数盛り込むとわかりにくいものになります（なお、ここでいうメッセージとは、4章で説明したものとは少しニュアンスが異なります。「伝える内容」といった意味です）。

②字は大きく

会場にもよりますが、字は大きめのほうがいいでしょう。ワードの文章であれば、10・5～12ポイントの文字を使用することが通常でしょうが、パワポであれば28ポイント以上の文字が必要だと思います。これより小さい文字を使用する場合には、手元資料としてスライドと同じものを配布したほうがよいでしょう。

③無駄なアニメーションは使わない

アニメーションを使うと話の流れに応じて画面が変わるのでわかりやすいのですが、過剰に使うとうっとうしくなります。情報を伝えるのが目的なのですから、文字がクルクル回る必要もないですし、大きくなったり小さくなったりする必要もありません。強調したいのならば、講師の説明として強調すべきです。自己満足の表現はやめましょう。

④ノイズをカットする

作成したスライドの中には、説明の流れから考えると、不要なもの（ノイズ）も出てくると思います。不要なものがあると、話はわかりにくくなります。「せっかくスライドを作ったのだから、見てもらおう」などというケチな考えは起こさずに、不要なものは思い切って捨てましょう。捨てるといっても、今回の講演で使わないだけです。必ず使う機会が来ます。スライドを作った時間が無駄になるわけではありません。

一覧表を作り、時間配分を書き入れる

スライドが完成したら、一覧表を作ります。私はＰＤＦ形式で保存して一覧にしています。ＰＤＦの印刷画面でページサイズ処理から「複数」を選択すると、1枚で複数のページを印刷できます。

私は、1枚あたりのページ数は16を選択しています。1時間～1時間半の講演で50～90枚のスライドを用意しますから、ＰＤＦの資料が4～6枚になります。右端に

スライド一覧表を便利に活用しよう！

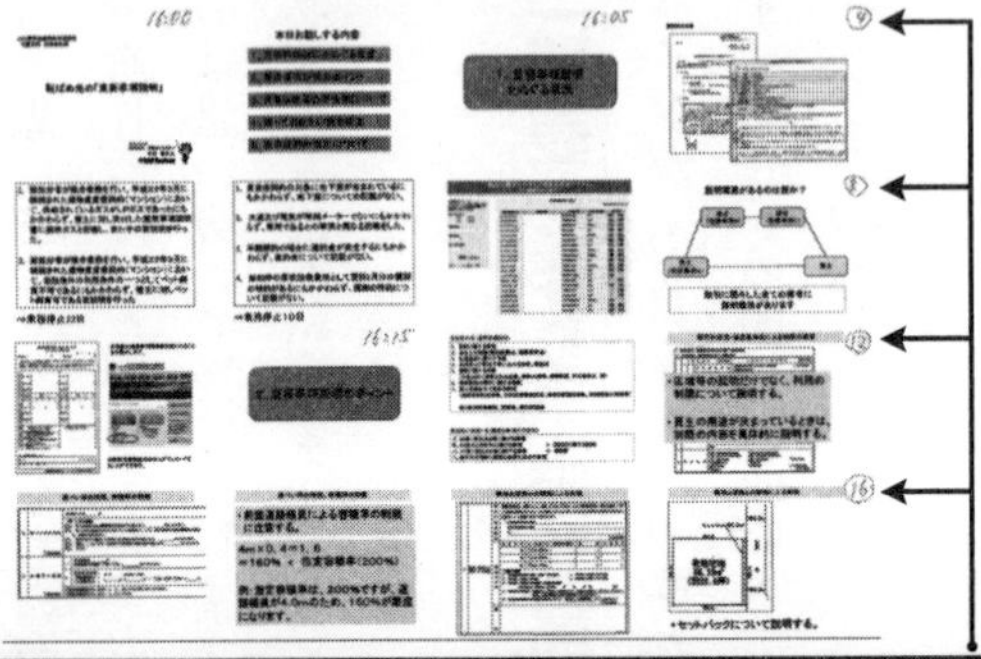

右端に4、8、12、16…と番号を振っておき、そのスライドが何番のスライドなのかわかるようにしておく。番号を振っておくと、後で説明するスライドを飛ばすときに便利！

4、8、12、16……と番号を振っておき、そのスライドが何番のスライドなのかわかるようにしておきます（全部に番号を振るのは面倒なので、私は16枚印刷の場合は、右端の4枚にだけ番号を振っています）。番号を振っておくと、後で説明するスライドを飛ばすときに便利なのです。

さらに、内容ごとにだいたいの時間配分を記入しておきます。例えば、1時間半（90分）の講義で3つの内容（テーマ）を話すとすれば、最初の挨拶に2分、最後のまとめと挨拶に3分、予備に5分として、正味の講演時間は80分です。

テーマ1に20分、テーマ2と3は30分というように配分を決めます。それぞれのスライドに予定の進行時間を決めていきます。

講演はライブですから、当日何が起こるかわかりません。主催者のあいさつが長引いて、講演時間が短くなったり、聞き手の反応によっては予定していたよりも説明に時間がかかる、ということもあります。PDFの一覧に記載した時間はあくまで目安です。

残り時間と予定していた時間(PDFに記載した時間)を比べながら「もう少しペースを上げよう」とか「ここの部分は、はしょろう」「予備として用意しておいた話も入れよう」などと、臨機応変に対応していくのです。

16 パワポの機能をフル活用する。

スライドは飛ばせる

用意したスライドを飛ばすときに、スライドショーを中断して（パワポのホーム画面に戻って）スライドを飛ばす講師もいますが、これはやめたほうがいいと思います。聞き手に飛ばしたことがわかってしまうからです。これでは、話の一部を聞かせてもらえなかった、という不満につながりかねません。

スライドショーには、ジャンプ機能があります。映したいスライドの番号をキーボードで打ち込めばいいのです。

例えば、40番のスライドを説明し終わり、時間の関係で41番以降を飛ばして、50番に行くという場合、パソコンに50という数字を打ち込みＥｎｔｅｒキーを押せば、ジャンプしてくれます。

スマートに映したいスライドに飛ばすためにも、ＰＤＦで一覧を作り、番号を入れたものを私は用意しています。

また、講義中にスライドを消したいときは、キーボードのＢやＷを押せば消すことができます。これも知っておくと便利な機能だと思います。

Ｂを押すと画面は黒くなります。ＢＬＡＣＫのＢですね。ＷはＷＨＩＴＥで白になります。まれにホワイトボードとスクリーンが兼用になっている会場もあります。この機能を覚えておくとプロジェクターのスイッチを切らなくてもスライドを消すことができます。

スライドショーでアイデアがわいてくる!

スライドがひと通りできたら、スライドショーで再現してみます。これがリハーサルになります。

スライドショーでは、客観的に見ることができるので、どんどんアイデアがわいてきます。

「ここは図にしたほうがわかりやすいな」「4枚目と5枚目のスライドでは論理が飛

んでいるから、もう2～3枚補ったほうがいいな」といった〝気づき〟があるはずです。

アイデアがわいてくる、というのはかなりポジティブなとらえ方で、欠点が見つかる、というほうが正しいのでしょう。

でもそれでいいのです。本番の講演、講義でベストのものをお届けするためには、何度も映して、確認することが必要です。スライドショーを使えばそれが簡単にできます。

『「超」整理法』などで有名な野口悠紀雄先生は、「パソコンの使用によって文章作成作業の本質的な性格が変わった」と言っています（もう10年以上前からのご意見ですが）。

「パソコンでは、紙の場合とは異なる書き方になる。まず主張したい結論を書き、次に理由を述べるというように、思いついたことをどんどん書いて行く。こうして文章が前後左右に広がってゆく。似た内容のことが散在していたら、それらをまとめて括る。順序がおかしければ、入れ替える」

『「超」文章法』

これは、文章作成について述べられたものですが、講演資料作成についてもあてはまると思います。パワポを活用することで、

①思いついたことをどんどんスライドにする
②似た内容をまとめる
③(②とは逆に) わかりにくい説明は細かく分ける
④足りないものは加える
⑤不要なものは削除する
⑥より効果的に伝わるように順序を入れ替える

といったことが簡単にできるわけです。

なお、引用した野口先生の『「超」文章法』は、論述文を書く際のマニュアルとして書かれたものですが、文章であれ、スピーチであれ、他人に何かを伝える、という際には大変役に立つ本だと思います。

講師も聞き手に何かを伝え、説得するという仕事です。その意味で『「超」文章法』は、講師にとっても必読書だと思います。一読されることを強くお勧めします。

17 スライド資料は配布しない。

講演や研修のスライド資料とまったく同じものを参加者に配布する人がいますが、私は基本的にはスライド資料は配布していません。「大量のスライドを用意しておいて、聞き手の反応を見ながら使うスライドを選択していくから」というのが一番の理由ですが、演出効果が損なわれる、というのも理由の1つです。

スライドがよくできていれば、それだけ見ればある程度、話の内容がわかってしまいます。**聞き手の手元にスライドと同じ資料があると講義の面白みが半減してしまう**と思うのです。

質問の答えが配布資料に書かれていたセミナー

ある出版関係者のセミナーに参加したときのことです。士業の人を対象に書籍を活用してパーソナル・ブランディンを向上させよう、というのがテーマでした。講師は、パワポを使って上手に説明し、内容も興味深いものでした。

ある場面で、スライドに質問が映されました。それは、

「毎日、新刊がどれくらい発売になるのでしょう？　A：50タイトル、B：190タイトル、C：300タイトル」
「全国の本屋さんの店舗数は？　A：5000店、B：10000店、C：15000店」
「全国の出版社の数は？　A：500社、B：1500社、C：3500社」

というものでした。

こういう質問を投げかけながら、聞き手（30人くらいだったと思います）に、A、B、Cのどれかに挙手をさせていくのです。

ちなみに、この問題の答えは、順番にB：190タイトル、C：15000店、C：3500社だそうです。

1日190タイトルということは、1年間では、190×365日で約7万冊の新刊が出版されているということです。その中で「売れる本」になるのは大変だ、ということがわかります。

また、全国に1万5000店も書店があるということは、初版で1万5000部以上刷らなければ、全国の書店に本が流通しない、ということになります。大型書店には、複数冊配本してもらうとなると、さらに刷部数が必要です。

このように、一般の人はあまり知らない（それでいてその講演会参加者には興味がある）質問を投げかけていくことで、聞き手を引き付けていこうというのです。また挙手してもらうことで、能動的な参加を促すことになります。なかなかうまい手法です。

しかし……。残念なことに、質問の答えが配布された資料に書かれているのです。この講師が登壇される前に資料が配布されていますから、大部分の参加者はそれを読んでしまっています。これでは効果が半減です。

私はあくまで、パワポは「**きれいで大きな板書**」と考えています。その場で質問を出し、答えを考えてもらうから面白いのだと思います。

聞き手の立場に立てば、講演スライドのコピーがあったほうがいいのでは、という意見もあるでしょう。でもそれは、講演終了後に配布すればいいと思います。士業の人が営業目的で講演するのであれば、「スライド資料をご希望の方はメールをください。添付ファイルでお送りします」とするのがいいと思います。講演参加者も紙でもらうよりもデータでもらったほうがうれしいでしょうし、こちらも顧客リストの収集になります。

レーザーポインターを併用する

聞き手の反応を見ながらスライドを展開していくには、パワポに対応したレーザーポインターがあると便利です。

パワポのスライドショーは、パソコンのＥｎｔｅｒキーでも作動しますが、それではパソコンの前から離れることができなくなります。レーザーポインターによりその問題は解決します。ペンタイプのポインターについているボタンを押すだけで、スライドの操作ができるのです。

私は、コクヨの「レーザーポインター for PC サシー51」というのを使っています。1万円以上の出費にはなりますが、いい講演をするためにはお金を惜しんではいけません（人気講師になれば、何十倍にもなって返ってきます）。

このポインターはやや古いタイプのものなので、今だともっと安くて高機能のものもあると思います。メーカーのホームページなどで確認してみてください。

パワポ対応のレーザーポインターとワイヤレスマイクがあれば、会場を自由に動くことができます。

通常、講演会場ではステージの中央にスクリーンがあり、演台は向かって右端か左端ということが多いと思います。広い会場ですと、照明を落としますから、聞き手は講師をまったく見ないということになりかねません（もっとも、これは悪いことばかりではありません。聞き手の前から「消える」ことで緊張を和らげることができます。その話は6章でします）。

そこで、ワイヤレスマイクとレーザーポインターの登場です。演台を離れて、ときにはスクリーン左に、ときには右に、と動きをつけることができます。

ポインターの受信距離は30メートルですから、パソコンを遠隔操作して、スライドを動かすことができます。聞き手の側に行って説明することができるのです。ホワイトボードに書いて説明するのでは、こうはいきません（いちいち、ホワイトボードに戻って板書するのは、さすがに落ち着きがないですよね）。

このスタイルは、「動き」があってなかなか好評です。「先生の研修は、楽しかったです」「中村先生の講義は、長時間でも眠くならないので助かります（笑）」といったコメントがアンケートに書かれていることが多いです。

18 パワポはあくまでツール。

パワポに頼りすぎるのは要注意

パワポは便利なツールですが、それに頼りすぎるのはよくありません。**講師が自分の力で説明していく**ことを忘れてはいけません。一方で、パワポはダメだ、と決めつけるのも表現の幅を狭めてしまうことになると思います。

あの池上彰さんも著書、『わかりやすく〈伝える〉技術』の中で、「プレゼンなどでは、1分に1枚のペースで作りこむ」「リハーサルして再調整する」などパワポを使ったプレゼンについて、具体的に解説されています。

池上さんは、リハーサルの必要性を説いていますが、これは「3分間のプレゼン」だからでしょう。時間が短いですから話が横道にそれるとリカバリーができません。

またプレゼンですから、聞き手は上司や取引先でしょう。聞き手の属性がわかっています。そういう場合にはリハーサルも有効だと思います。

ところが**1時間半の講演、研修で聞き手の属性も多様という場合には、リハーサルはあまり意味がありません**。特にパワポを使う場合には、用意した内容を再現するだけになってしまう危険があります。

講演、研修の場合には、聞き手の反応に合わせて表現内容を変える必要がありま す。聞き手の属性は前もってヒアリングしておけばいいではないか、と思うかもしれませんが、そんなに簡単な話ではないのです。

事務局からは、マネージャークラスが対象の研修と聞いて会場に行ってみたら、社長以下役員も参加していた、といったことはしばしばあります。事前に対象を絞り込んで、それに合わせたスライドを作ってしまうと、修正がきかないのです。

私の場合は、スライドをたくさん作り、会場の反応を見ながら使うものを選択しています。そのため時間を計ったリハーサルは行いません。時間を計っても本番とリハーサルでの誤差が大きすぎて意味がないのです。

知り合いの講師は、**パワポにはエピソード(事実)だけを入れて、それを使って何**

を伝えるかは、聞き手の反応を見ながら変えていく、と言っていました。これも1つの方法だと思います。

伝わりやすい手段を選んで

くり返しになりますが、パワポはあくまでツールです。パソコンが苦手だという人は無理に使う必要はありません。また、パワポ以外のプレゼンテーション・ソフトに慣れている人は、そちらを使えばいいと思います。

構成を考えるにしても、パワポでなくてももちろんできます。ポストイットを使えば、自由に並び替えができます。

前述した大谷由里子さんは、著書の中で台本の形式の1つとして、ポストイット方式を紹介しています。

「台本の形式は、人それぞれであって構いません。手書きでも、パソコンで作っても構いません。あなたにとって作りやすく、使いやすい形であればいいのです」

『講師を頼まれたら読む「台本づくり」の本』

まったく同感です。

要は、**目的や会場、聞き手に応じて、伝わりやすい手段**を選んでいけばいいのです。パワポなんて、と頭から否定するのも損ですし、逆にパワポがないと話ができない、構成が作れないというのでは、講師としての活躍の場を狭めることになってしまいます。

第6章

緊張はこうして克服する!

19

無様でも、「伝わる話」ができれば成功である。

緊張することを前提に考える

「目の前の大勢の人を見た瞬間から、何がなんだかわからなくなってしまった」

「自分でも何を話しているかわからないうちに時間が終わってしまった」

こんな苦い経験を持つ人も少なくないようです。大勢の人の前で話すというのは、緊張するものです。


私自身は、どうかといえば……。講演が始まる前は、やっぱり緊張します。落ち着かなくなります。私は講師の仕事が好きですし、天職だと思っています。「わかりやすい説明だ」と多くの方に言っていただけますし、経験も積んでいます。それでも緊張します。あがります。

事前に用意した原稿（5章で説明したPDFの一覧表）があるので、「何を話していいのかわからなくなる」ということはないのですが、何度やっても講演前に緊張することには変わりません。

まして、講師デビューしたばかりであれば、緊張するのが当然なのです。

もうここは「人前で話す以上、緊張するのは避けられない」と開き直ったほうがいいと思います。そのうえで、「**緊張しながらも、人に伝わる話にするには、どうしたらいいのか**」ということを考えるべきだと思います。緊張しても、あがっても「伝わる話」になればいいのです。

うまく話せないことは失敗ではない

なぜ人前で話すと緊張するのでしょう。

おそらくは、「失敗したくない」という心理が働くからだと思います。「人前で無様な姿をさらしたくない。できればカッコよく決めたい」。そう思うから、緊張するのだと思います。それは、人間として当然のことです。

しかし、ここで守りに入ってはいけません。失敗をおそれるあまり、無難にこなそうとすると講義に面白みが出ません。「棒読み講師」と同じことになってしまいます。話し手が誰であっても変わらない交代可能な講演、講義です。

何よりも、「伝わらない＝効果が出ない」という事態を招きます。失敗したくないと思うのは当然なのですが、守りに入らず、自分らしい講義をすることが大切です。

そもそも講演、研修における失敗とはどういう状態を指すのでしょう？

スマートに話せなければ失敗なのでしょうか？

笑いがとれなければダメなのでしょうか？

もちろんそうではないはずです。伝わらないこと、講演、研修、プレゼンが効果を上げられないことこそが失敗のはずです。

つまり**「うまく話せないこと」は失敗でもなんでもない**のです。話し手が無様な姿をさらしても、伝えるべきことが伝われば、それは成功です。そう割り切りましょう。

聞き手にとっては、講師がうまく話せるかどうかはどうでもいいことです。有益な情報が得られるか、刺激や感動を受けて行動を変えられるか、ということを期待して

講演、研修の失敗と成功ライン

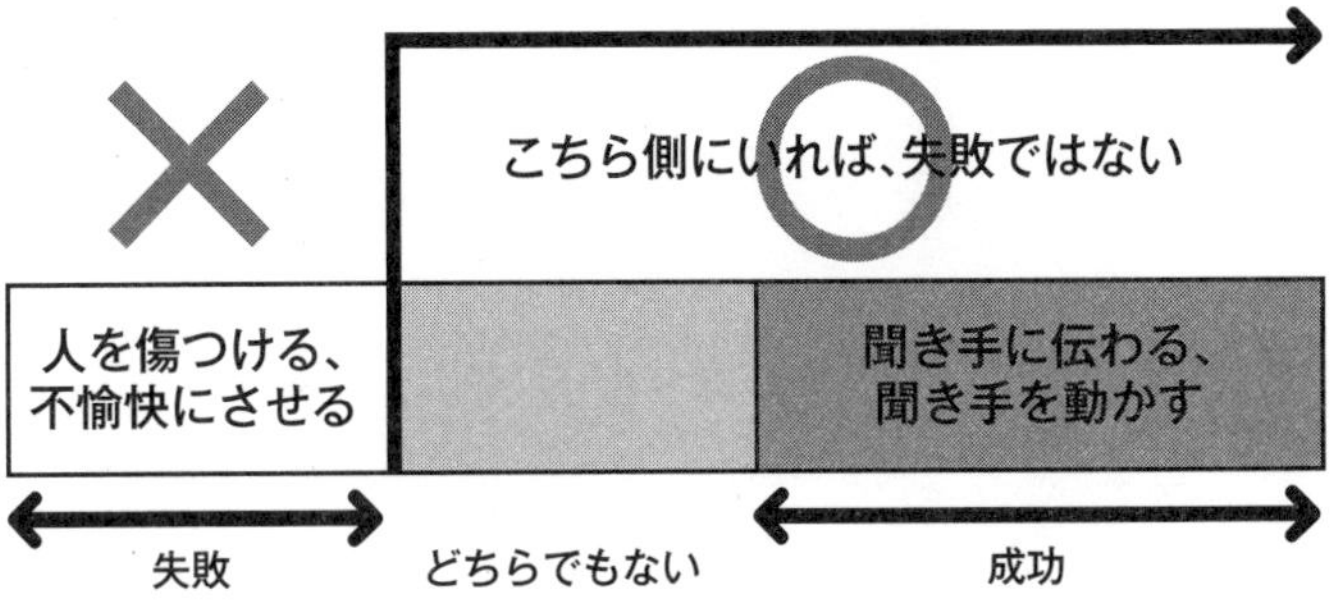

いるはずです。

講師がしてはいけない4つのこと

ただし、仮に「伝わる話」であったとしても、以下のような事態を引き起こしては、失敗といわざるを得ないでしょう。

①開始時間、終了時間を守れない
②嘘や誤解を与える表現で聞き手をミスリードしてしまう
③著作権など他人の権利を侵害してしまう
④人を傷つけたり、不愉快にさせる表現をしてしまう

いくら内容がよくても、わかりやすくて

も、ここにあげた4つのことをしては、講師として失格です。逆にいえば、ここであげたようなことさえしなければいいのです。

そう思えば、合格ラインがグッと下がるのではないでしょうか。人前で話す人間としてやってはいけない上記4つのことに注意した後は、ひたすら、伝えること、講演や研修の効果を出すことを目指しましょう。

うまく話せないことは失敗ではありません。講師に求められているのは、上手に話すことではないのです。

「そうはいっても……」とまだ迷われる人には、次の言葉を贈ります。

あなたが思うほど、他人はあなたのことを気にしてはいない。

仮に無様な話し方をしたとしても、聞き手はすぐに忘れてしまいます。開き直りも大切です。

20

自分の欠点は無理に直そうとせず、ツールで補う。

下手でもいいから思い切ってやる

乱暴な言い方をすれば、下手でも自信を持つことが大切なのです。

話し方について解説した本や、話し方講座の紹介文などで「講師が簡単なアドバイスをしただけで、見違えるようにうまくなった」ということが書いてあるのを見たことはありませんか？　これはまんざら宣伝文句だけではないと思います。

人前で話すことに慣れていない人は、自分の話し方に自信がありません。どう話していいかわからない。だから用意した原稿を棒読みします。不安だから声も小さくなるし、姿勢も悪くなります。早く終わらせてしまいたいと思っているから早口になります（私のように生来の早口は別です）。

そういう「どうしたらいいかわからない」と思っている人に、「結論を先に話すと、わかりやすくなるよ」「1つのパートが終わったら、ひと呼吸置くと聞きやすいね」といった簡単なアドバイスをするだけで見違えるように、「上手な話し方」になります。

つまり、**自分の話し方に少し自信を持つだけで、伝え方はまったく違ってくる**のです。カリスマ講師のように華麗に、アナウンサーのように流暢に話さなければならないと思うと誰でも萎縮してしまいます。自信がなくなります。

そうではないのです。**下手でもいいから思い切ってやる**ことです。自分らしい話し方をすればいいのだ、と開き直りましょう。その分、講演、研修の内容（構成）に注力しましょう。話の**中身を「わかりやすい内容」にする**ことが大切なのです。話し方の技術（声の出し方、姿勢、視線の配り方など）に配慮するのは、内容を充実させた後の話です。

口癖、早口は直さなくていい

「えー」「そのー」といった口癖は誰にでもあるものです。無理に直そうとしないことです。「また言ってしまった……」と気にすると、かえってその後の話が伝わりにくくなります。**意識が聞き手ではなく、失敗した自分に向く**からです。

私は、早口です。講義中にはなるべくゆっくり話そうとしていますが、それでも調子が乗ってくると早口になってしまいます。しかし、伝わらないのは困るので、重要なポイントは気を付けてゆっくり話すようにしています。早口になってしまったな、と思ったときは、「あっ、今、少し早口でしたね」と言って同じことをくり返すようにしています。言い間違えたら、言い直すのと一緒です。

早口なのは自分の癖なので仕方がない、と開き直っているのです。無理にゆっくり話そうとすると、どうも調子が出ないのです。ですから早口を直そうとは思いません。

下手ならツールで補えばいい

慣れないうちは自分が早口になっていることにも気が付かないかもしれません（私も自分の早口に気が付かないこともあると思います）。また、滑舌のよくないことに悩んでいる人もいるかもしれません。

そういう人たちは、スライドや資料を充実させて、多少聞き取りにくくてもわかるようにしておけいばいいと思います。テレビのテロップと同じ効果をねらうのです。テレビで一般の人がコメントをしているときに、テロップが出ますよね。いきなりマイクを向けられて早口になっている人でも、方言がきつい人でも、滑舌がはっきりしない人でも、テロップが出ていることで内容が伝わります。

では、テロップだけ流せばいいのかというと、そうではありません。生の声、映像、テロップが一緒に出るから臨場感が出て伝わるのです。

講師も同じだと思います。多少聞き取りにくくても内容のある講義と、聞き取りやすいが中身の薄い講義。あなたならどちらを聞きたいでしょうか。

滑舌が悪い、早口、声の通りがよくない、方言がきつい……。往々にして本人が気にしすぎているだけということが多いものです。それでも表現面に不安があるのなら、ツール（スライドや資料）で補えばいいのです。

またツールをうまく活用すれば、緊張を緩和することもできます。

最初と最後だけはきっちりと

ただし、講演、研修の**最初と最後のあいさつだけは、きっちりと決める**ことが大切

欠点をカバーするには

口癖、早口は直さなくていい！
スライドや資料で欠点を補おう！
ペラ
ペラ
ペラ
ペラ
ペラ
ペラ

です。内容が重要といっておきながらミもフタもない話ですが、聞き手は講演の間、ずっと講師を見ているわけではありません。

途中、スライドや資料を見たり、講師が話している内容を自分の経験と照らし合わせたり、と意識がさまざまなところにいきます。講師のしぐさも口癖も、こちらが思うほどには気にしてはいないのです。

しかし、最初と最後だけは講師を見ます。ここで堂々とした態度を示せれば、それだけで印象は違うはずです。表現技術に無頓着な私も最初と最後のあいさつだけは、気を使っています。

21

精一杯準備した後は、「自分」を、「聞き手」を信じる。

見られていると思うから緊張する

緊張したり、あがったりする理由の1つに、聞き手の視線が気になる、というのがあると思います。

「見られていると思うから、緊張するのです。こちらから、相手を見るようにしてはどうでしょう」

こう教えてくれたのは、3章でも紹介した西任暁子さんです。確かにそういう面があります。私も主催者があいさつをしているときや、司会者が講師プロフィールを紹介しているときは、会場（聞き手）を見るようにしています。

会場全体の様子がわかりますし、その中に目立つ人が何人かはいるはずです。服装が派手だったり、髪型に特徴があったり。特に理由はなくてもこちらの視線を引くという人が必ずいます。

演台に立って、あいさつをしたら、その人たちをもう一度見ます。そうすると「見られているのではなく、こちらが見ている」という気分になります。もっとも、人数が200人を超えると、ひとりひとりを見るというよりもブロックごとに様子をうかがうといったほうが的確かもしれません。

視線を逃がす

見られていると思うと、人は緊張する。これは真実だと思います。だとすれば、聞き手の視線を自分から外せば、緊張や不安は和らぐはずです。パワーポイントのスライドや配布資料をうまく使えば、これが可能になります。

「それでは、このスライドをご覧ください」

講師がこう言えば、聞き手はスライドを見てくれます。講師から視線が外《そ》れるのです。パワーポイントを用いない場合でも、

「資料の○ページの図をご覧ください」

と言えば、そこを見てくれるはずです。聞き手の視線を外して、緊張や不安を抑えることができます。覚えておいて損はないテクニックだと思います。

「人前で話すと緊張するからできれば避けたい」というのは、もったいない話です。眼が悪ければメガネ、音が聴きとりにくいならば補聴器を使います。ツールにより苦手な面、悪い面をカバーしていけばいいのです。

人前で緊張するなら、スライドを使って聞き手の視線を逃がせばいいのです。

もっとも、多用しすぎは禁物です。講師はパソコンを操作しているだけ、聞き手はスライドや資料を見ているだけでは、講師がそこにいる意味がありません。

スライドと解説の音声をビデオにすればいい、ということになってしまいます。ときには勇気を出して、聞き手の視線を浴びることもチャレンジしてみましょう。

何度もいいますが、スライド（パワーポイント）はあくまでツールです。聞き手に伝え、説得するのは講師の役割です。

自分を信じる、聞き手を信じる

考えてみれば、緊張するのは悪いことばかりではありません。緊張したくない、堂々と自信を持って講義したい。そう思うと、事前準備を入念に行うはずです。精一杯、準備した後は、自分を信じましょう。

「これだけ準備したのだから、聞き手に伝わらないはずはない」「これは聞く価値のある貴重な話だ」そう思えれば、堂々と話せるはずです。

聞き手のことも信じましょう。研修でも、講演でも、集まった人たちはあなたの話を聞くために集まっているはずです。講師をいじめよう、粗探しをしようと思ってその場に来ているわけではありません。

政治講演会でもなければ、講師を批判するために参加している人はいないはずです。聞き手の心の中にある善意を信じるのです。彼ら彼女は講演や研修から何かを得ようと思って、時間とお金を割《さ》いて来ているのです。

講師が中身のある話をすれば、下手でも文句は言いません。だとすれば、一生懸命準備したことを精一杯伝えることができれば、それでいいのです。

なかには強制参加の研修や、会社の業務命令でイヤイヤ参加している人もいるかもしれません。

しかし、彼ら彼女らも講師を批判するために来ているわけではないのです。むしろ、あまり大きな期待をしていない分、要求水準が低いのが普通です。内容のある講演、効果の出る研修をすれば、高い評価をしてくれるはずです。

緊張を和らげる5つの心得

これだけ力説しても、まだ緊張する人もいるかもしれません。そんな方には以下のアドバイスです（①、②はくり返しになりますが）。

①事前の準備は入念にする（ただしリハーサルは不要です）

②聞き手の善意を信じる

聞き手はあなたの粗探しをするために集まったわけではありません。

③始まる前には深呼吸をする

ゆっくり大きく深い呼吸をくり返しましょう。

④うまく話すこと、ではなく、聞き手にとって有益な時間となることだけを心がけて話す

主役はあなたではなく聞き手です。効果を上げることだけを考えましょう。

⑤始まれば終わる

どんなにプレッシャーがかかる講演、研修でも、それがずっと続くわけではありません。始まったことは、必ず終わります。

大丈夫です。

落ち着いて話を始めましょう。

第7章

職業としての講師

22

講師で食べていくなら、しっかりとした経営目標を持つ。

講師で食べていけるのか？

たまに頼まれたときに講演するというのではなく、講師を職業とすることを考えている人もいるかもしれません。

かくいう私も講師を職業としています。といっても講演収入、講師料だけで生活していくのは大変です。

ちなみに「志縁塾」の大谷由里子さんは、「90分で50万円が基本講演料」[*]だそうです。これなら月1本の講演でも生活していけそうです。

しかし、これは、ブランド力のある大谷さんだからこその話です。一般の人は50万円の講演料はまず取れません。

一般の講師であれば、1時間10万～15万円の講演を地道に積み上げていくことにな

＊『はじめて講師を頼まれたら読む本』（中経出版）

ります（依頼者や講演内容によってはもっと安いこともあります）。1時間半の講演で（交通費、宿泊費は別として）15万円もらえるとすれば、年間50回講演を受ければ15万円×50回＝750万円の収入です。仕事として十分成立します。

しかし、平均15万円の講演料で50本の依頼を毎年受け続けるというのは、なかなか難易度が高いです。**実績を積む、他の講師との差別化を図る**などいくつかの条件を満たしていかなければなりません。

資格試験予備校の講師であれば時給は1万円以下が普通だと思います。そのかわり多くのコマ数を持つことができます。資格にもよりますが、1コマ2・5時間の講義を平日夜に2コマ（1コマ×2日です）、土日に各2コマで週6コマ持つ、なんて人もいるようです。

時給が1万円とすれば、6コマ×2・5時間×4週で月60万円の収入になります。時給が5000円でも30万円です。事前準備にあてる時間や、質問を受ける時間を考えると決して高いとはいえないと思います。

また毎月確実に週6コマ入る、という講師は少ないでしょう。資格試験の講師だけで「食べていく」のは、1つの資格だけではむずかしいでしょう。

つまり一般的には、講師業を専業とするのではなく、士業（税理士、社会保険労務士、行政書士など）やコンサルティング業との兼業というスタイルになると思います。

今から独立して、講師業だけで食べていくというのはむずかしいかもしれませんが、既に独立起業されている人が事業分野の1つとして講師業を加える、というのであれば十分実現可能だと思います。

目標を持つ

講師業を事業分野の1つに加えるということは、講師業からいくらの売り上げを上げるのかという目標を設定し、それに向けて対策を立てることが大切です。

一般に士業の人は、この目標を設定し達成するための施策を講じる、という意識が弱いように思います。

知り合いの不動産鑑定士で会社組織にしている人が、「私は不動産鑑定士でもあ

真の経営とは？

去年300万の収入
あったから
今年も300万くらい
あるだろう
売り上げ
20%アップ！
講師の売り上げ
を前年より
20%アップ
させるぞ！
目標を立て、それを達成する
ための策を打っていない
→経営と言うには疑問
目標数値を決め、目標達成の
ために施策を打っている
→「真の経営」と言える！

り、会社も経営しているんだ」と言っていますが、「経営」と呼ぶのはどうかな？　と思うような人も少なくありません。

確かに会社組織にしていれば、社長であることは間違いないのですが、それだけでは「経営」とはいえないでしょう。売り上げ目標を立てる。それを達成するために策を練るということをしていないからです。

去年300万円の収入があったから、今年もそれくらいはあるだろう、では経営とはいえません。「今年は講師分野の売り上げを前年比の20%アップさせる」といった目標を決めて、そのために必要なことを考えます。

広告宣伝を強化するのか、営業するのか。単価を下げるかわりに件数を倍増させるのか。件数はのびしろがないので付加価値を大きくして単価を上げるのか。そういう施策を打ってこそ経営であり、講師業を事業分野に加えたといえるのだと思います。

講師業も士業も原価がかかりませんから、売り上げ目標へのこだわりが弱いのだと思います。売り上げが落ちたら、その分生活を引き締めればいい、くらいの感覚の人が多いのでしょう。そもそも売り上げ目標に汲々《きゅうきゅう》とするのがイヤだから、資格を取って士業になった、という人が多いのかもしれません。

だからこそ、しっかりとした**経営目標を持って講師業に取り組む**ことができれば、ライバル（競合）を大きく引き離すことができると思います。

マーケットを考える

講師を職業とするのであれば、マーケットを考える必要があります。体は1つしかありませんから、なるべく**「稼げる分野」の仕事を取ってくる必要**があります。

ここでも、私のよく知っている不動産関連の資格講師を例に説明します。資格試験予備校が開講している不動産関連講座には、不動産鑑定士、マンション管理士・管理業務主任者、宅地建物取引主任者（これ以降、宅建と略します）の3つがあります。[*1]

このうち講師料が一番高いのは、不動産鑑定士です。全部の資格試験予備校について調査したわけではありませんが、おそらくそうだと思います。

なぜなら、講師になれる人が少ないからです。鑑定理論を教える以上は、不動産鑑定士試験に受かっていなければなりません。平成24年の不動産鑑定士の試験の最終合格者は104人です。合格者が少ないということは、講師をできる人が少ないということです。[*2]信託銀行や大手不動産会社では、社員が講師としてアルバイトすることを認めないでしょうから、既に独立開業している人の中から、意欲と能力のある人を探さなければなりません。

つまり、講師をできる人が少ないのです。**講師の供給が少ないと、価格（講師料）は高くなります。**

一方、宅建試験の講師は、合格者がたくさんいます。ただし、宅建試験の場合には合格しただけで講師になる、という人はまずいません（やはり不動産鑑定士試験とは

＊1 この2つの資格は試験範囲がほぼ一緒なので、1つの講座で両方の受験生を対象にしていることが一般的です。

＊2 不動産鑑定士試験の受験者は、信託銀行、大手不動産会社、大手不動産鑑定業者（ごく少数しかありません）以外は、従業員数名の小規模鑑定事務所の人がほとんどです。

難易度が違います）。それでも講師のなり手はたくさんいます。私のような不動産鑑定士だけでなく、宅建業経験者、司法試験など難関資格の受験者からの転身組など、講師の供給が多いのです。

ですから資格試験予備校の看板講師、人気講師にならない限り、講師料は高くはなりません。有名資格試験予備校の新人講師の時給が3000円程度という話を聞いたこともあります。レジュメ作成を含めた準備にかける時間や、質問を受ける時間は、一銭も支払われません。それを考えるとかなり厳しい金額だと思います。

私は、不動産鑑定士、マンション管理士、管理業務主任者、宅建の4つの試験に合格していますし、それぞれの分野の講師経験もあります。ですから普通に考えれば、講師料の高い不動産鑑定士の講師をしたほうがいいように思えます。講師としての時給が高いですし、講師の供給が少ないので予備校に対しても強い立場に出ることができるからです。

しかし、私は宅建試験の仕事を軸に仕事をしており、不動鑑定士試験やマンション

マーケットから仕事の軸となるジャンルを考える

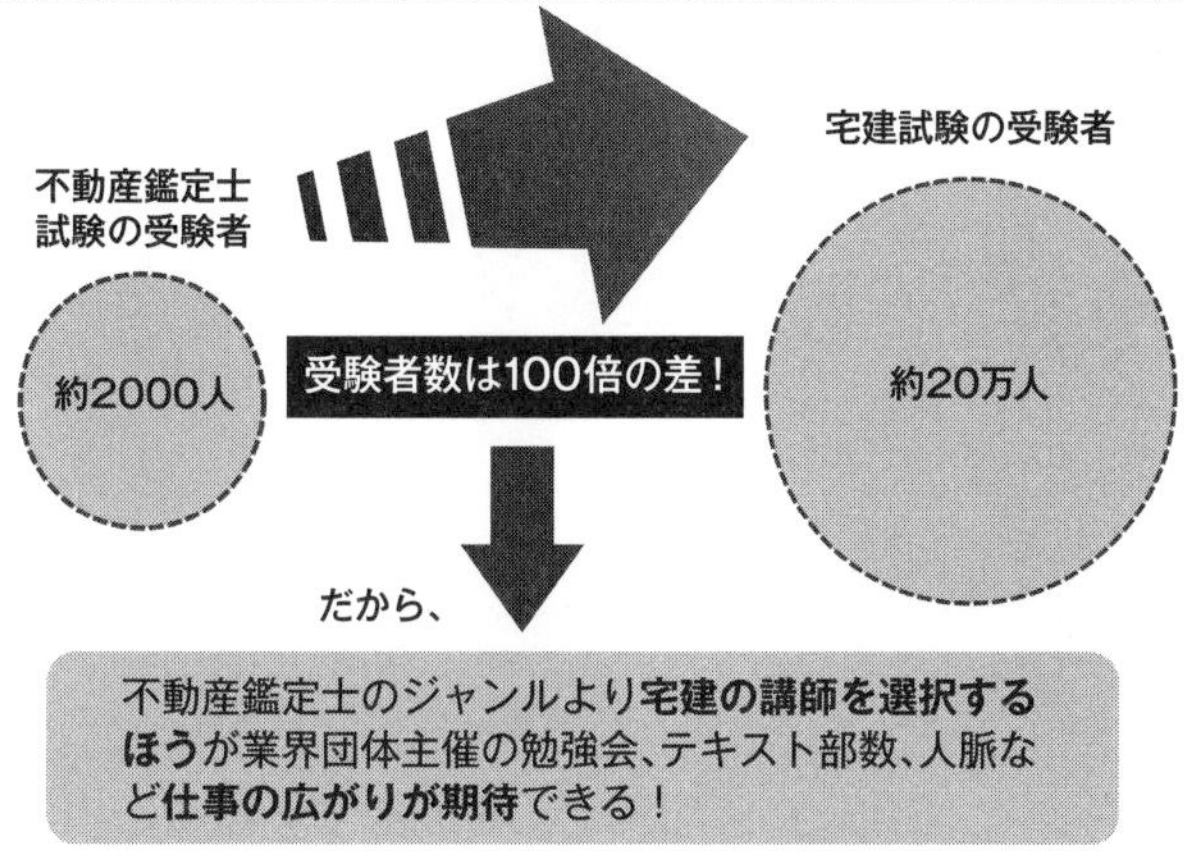
宅建試験の受験者
不動産鑑定士
試験の受験者
約2000人
受験者数は100倍の差！
約20万人
だから、
不動産鑑定士のジャンルより**宅建の講師を選択するほう**が業界団体主催の勉強会、テキスト部数、人脈など**仕事の広がりが期待**できる！

管理士試験の仕事は、現在はしていません。

マーケットを考えているからです。

平成24年の不動産鑑定士短答式試験の受験者は２００３人です。一方、宅建試験は毎年20万人近い人が申し込みます。**マーケット規模**が全然違います。テキストを執筆した場合に期待できる部数が違います。企業から依頼されてオーダーメイドの勉強会を行えば、ある程度まとまった金額をいただけることにもなります。

また、宅建試験では、宅建業者以外にも、金融機関、建設業者、税理士、会計士といった人も受験します。講師と受講生という関係で築き上げた人脈が、いろいろなところで生きてきます。**仕事の広がりが期待できる**のです。

業界団体や企業が主催する勉強会、講演会では、資格試験の講師と比べて講師料が1桁違ってきます。資格試験の講師では1時間に10万円もらえる、ということはあり得ないでしょうが、企業や業界団体の研修であれば普通です。そのかわり、依頼件数そのものは少ないです。また専門性がないとなかなか仕事はいただけません。

一方、資格試験の講師は単価が低いかわりにコマ数が増えますし、安定して仕事を発注してもらえるという利点があります。

要は講師業を仕事として考える以上、マーケットをきちんと考え、目標を立てて仕事をしましょう、ということです。どの分野からいくら売り上げを上げるのかを明確にするのです。

もちろん、目先の売り上げだけを考えるわけではありません。たとえ講師料が低くても、宣伝効果のあるもの、自分自身にとって勉強になるものは、積極的に受けたほうが仕事の幅を広げることにつながります。

23

講師を職業とするなら、専門分野、強みを持つ。

専門分野で独自性を出す

講師を職業として考えるのであれば、**他人には負けない専門分野、つまり、強みを持つ**ことが大切です。

私の専門分野は、不動産広告ルールの解説です。

不動産業者であれば、ほとんどの会社が広告を出しますが、その際には、不動産公正取引協議会（これ以降、公取協と略します）が定めたルールを守らなければならないのです。このルールをきちんと理解するためには都市計画法、建築基準法など法律知識も必要です。

私は、この分野の解説を得意としています。公取協の事務局の人を別にすれば、不動産広告ルールについてきちんと説明できる人間は、私以外にはあまりいないと思います。

私はリクルートに在職中、『週刊住宅情報』（今のｓｕｕｍｏ）の情報審査室という部署で仕事をしていました。『週刊住宅情報』に載せる不動産会社を審査したり、表現規定を策定する部署です。そのとき、公取協の常任理事・事務局長であった関口信之さんから公正競争規約制度の考え方についてご指導を受けました。

また、『週刊住宅情報』の審査室は読者クレームを受け付けたり、掲載物件の調査をする部署でしたから、広告をめぐるトラブル事例はいろいろ知っています。業界の常識と一般消費者（不動産の買い手、借り手）の常識とのギャップもわかっています。単に広告ルールを解説するだけでなく、トラブル事例とその防止策についても解説できるのです。不動産鑑定士として不動産関連の法律についても精通しています。

宅建、マンション管理士、不動産鑑定士といった資格試験の講師をしていますから、教える技術も身に付いています。それらの経験、知識、人脈、教える技術などを考えると、不動産広告についての解説であれば私の会社「不動産アカデミー」に依頼しようという状況になっているのです。

私の講演メニューは広告ルールの解説以外にもたくさんあります。新入社員研修、法律改正の解説、重要事項説明*の解説、開業セミナー、一般消費者向けの不動産購入セミナーなどです。

メニューは、豊富にあるのですが、これらの分野は私以外にも解説できる先生がたくさんいます。不動産鑑定士、弁護士、宅建協会の役員など多くの先生がこれらの講義を担当しており、競争相手が大勢いるという状況です。しかし、広告ルールに関しては、（公取協事務局の人を除いては）私しかいないといってもいい状況なのです。

専門分野があると、それをきっかけとして仕事を広げていくことができます。

まず**専門分野の講演、講義の依頼を受け、それが「わかりやすい」「ためになった」という評価をもらえると他の分野の依頼もいただく**ことができるのです。

まずは狭い分野でいいので、「この分野のことなら私に任せろ」という専門性を持つことです。そこでナンバーワンになれば、次の依頼もやってくるはずです。

＊ 宅建業者は、不動産の売買や貸借をする場合には、買主、借主に対し物件の状況や契約内容について事前に説明する義務があります。

One of Themから脱却するには？

現在、私は講師としては、比較的恵まれたポジションにあると思います。平成21年に「株式会社不動産アカデミー」という会社を設立して以来、毎年50件前後、全国各地の業界団体や不動産会社から講演、研修のお仕事をいただいています。

積極的な営業活動は一切行っていません。ホームページに研修メニューと講演実績を載せているだけです。**「紹介」と「リピート」だけで一定の仕事をいただいています。**もちろん最初からこのように恵まれた状況にあったわけではありません。

平成15年にリクルートを辞めた当初は、不動産鑑定の実務経験を積みながら、リクルート社の研修と、大手資格試験予備校で宅建試験とマンション管理士の講師をしているだけでした。

それでも資格試験講師のほうは独立当初から順調でした。

当時、エール出版社から『私の宅建試験合格作戦』という本が出ていました。合格者が勉強法や使用したテキストなどを紹介する本です。

この中で、私の講義を受けた受講生が私のことを紹介してくれたのです。ある年など体験談を寄稿した合格者が10人ほどだったと思いますが、そのうちの3人が「中村先生の講義がいい！」と書いてくれたのです。

また例年60人前後であった「宅建試験直前講座」のライブ受講者数（ビデオ収録を見る人を含まない受講者数）が、私が担当するようになって140人になるなど実績を積み重ねていきました。

自分なりに講義スキル、内容には自信がありましたが、その時点ではまだ「よくいる講師の1人」という段階で、One of Themにすぎなかったと思います（人気がある宅建やマンション管理士の講師というのはたくさんいるのです）。

ところが、大きな転機が訪れました。最大の業界団体である全国宅地建物取引業連合会（これ以降、全宅連と略します）から講師の依頼があったのです。依頼が来たのは、『不動産広告表示の実務』（週刊住宅新聞社刊）という実務担当者向けの本を執筆したことがきっかけでした。

全宅連が年に数回行っている実務研修の講師を担当して欲しいというのです。テーマは私の得意分野である不動産広告ルールの解説です。従来とは違い、具体例を混じえたわかりやすい講義だったので、高評価を得ました。

その後、全宅連のテキストの執筆を依頼されました。さらに、そのテキストを利用した研修講師の依頼が全国各地の宅建協会から来るようになりました。

また、宅建試験講師のほうも『スッキリわかる宅建』（小社刊）という私が執筆したテキストが評判になり、いくつかの企業から講師の仕事も依頼されるようになりました。

前述したように資格試験予備校の講師料は、高くはありませんが、こうした企業研修での講師料は、ある程度のまとまった額をいただくことができます（そのかわりその企業の状況にあった講義をオーダーメイドで作るなど、難易度は格段に上がります）。

このように、実績を積んでいきますと、紹介やリピートも着実に増え、収入も安定してきたので、「講師で食べていく」自信がつきました。

24 講師として飛躍するには、本の執筆が「きっかけ」になることもある。

講師としてのステップアップ法

講師を職業としていくには、まずは講師としての経験を積むことです。

サラリーマンであれば、**社内研修の講師を積極的に引き受けましょう**。ただし、社内はしょせん、社内です。もし社外で話す機会があるのであれば、それも担当させてもらうといいと思います（難易度が格段に違います）。

もし会社が副業を認めてくれるのであれば、アルバイト講師をするのも1つの方法です。

かくいう私も、平成8年から2年間ほど大手資格試験予備校で不動産鑑定士の講師を務めたことが講師業のスタートです。

リクルートのような多忙な会社に勤めながら、不動産鑑定士試験に合格したノウハウを教えて欲しいという資格試験予備校からの依頼が来たのです。このときはまだリクルートの社員でしたから、会社から許可をもらって土曜日に講師を務めました。忙しい中、普通は休日まで働こうとは思わないはずです。それでも、講師を引き受けたのは、今から考えると、「教える」「伝える」という仕事に興味を持っていたからだと思います。

士業の人であれば、**仲間と共同で自主セミナーを開催する**という方法もあると思います。会場手配、集客、入金管理などいろいろ大変ですが、得られるものも大きいと思います。自主セミナーは自信がないという人は、**資格試験予備校の講師がいい**でしょう。準備にあてる時間を考えると資格試験の講師の時給は安いですが、とにかく最初は経験を積むことです。経験を積んでいくうちに見えてくるものがあります。

ある程度経験を積んだならば、**自分の専門分野を作りましょう**。士業の間ではもはや常識になっているでしょうが、狭くていいのでナンバーワンといえる分野を持つことです。

単に「行政書士です。なんでもやります」というのでは、仕事は来ません。「相続に強い」「会社創業については任せてくれ」「風営法関連の許可申請についてはいろいろノウハウがある」といった強みを持つことで、他と差別化し、仕事を取っていくのです。講師も同じです。

私の場合には、「不動産広告の解説」という分野から始めて、メニューを拡大していったことは既に述べたとおりです。

また、いろいろ仕事を受けていると、ときには無理な注文もあるかもしれません。講演、研修の企画者や主催者が集客のために魅力的な演題を付ける、というのはよくあることです。「そんなことできないよ」などと文句を言わずできるだけ引き受けることをお勧めします。

無理な発注に応えていることが、いつの間にか自分の幅を広げているということもあります。もっとも本当に無理なものは断ります。このあたりはしっかり見極めましょう。

飛躍するにはきっかけが必要

講師として**大きく飛躍するにはきっかけが必要**です。私の場合、前述のとおり『不動産広告表示の実務』という書籍の出版がその契機となりました。

業界団体が講師を選ぶ際のポイントは、①講師としての実績、②著書、③公的資格だと聞いたことがあります。

私の場合は、①は予備校やリクルートでの講義実績、②は『不動産広告表示の実務』、③の公的資格は、不動産鑑定士、マンション管理士などです。特に②の著書（専門書）があったことが大きかったと思います。

私の講師としてのステップは、不動産広告の実務家向け専門書の執筆→全宅連の実務セミナー講師→全宅連テキストの執筆→全国の都道府県での講演→（全宅連テキストを使用しない）都道府県独自の講演と広がっていったわけです。

著書があったほうが有利といわれても、出版社にコネもないし、どうしていいかわからない、という人もたくさんいると思います。そういう人は無料の出版プロデュースサービスを利用するのがいいと思います。誰でも利用できるものとしては、「企画のたまご屋さん」（http://tamagoyasan.net/）があります。

これは出版社の編集者に書籍の企画書（企画のたまご）を毎日メールで配信してい

るサービスです。編集者がこのメールを見て、「この企画を出版したい！」と思えば、たまご屋さんを通じて企画を出した人に連絡がいく、という仕組みです。

このサービスのいいところは、成功報酬だということです。

出版が決まると印税の3割をたまご屋さんに支払わなければいけませんが、企画を配信するだけであれば無料です。つまり、著者サイドにはリスクがないのです。

そのかわり、配信に値するレベルの企画書に仕上げる必要があります（配信される企画が一定以上の水準を保っているからこそ、編集者もたまご屋さんからのメールに目を通すわけです）。また、たまご屋さんが配信してくれないようなレベルの企画では、到底、出版は無理でしょう。仮に出版できたとしてもまず売れないと思います。

私もこのたまご屋さんを利用したことがあります。この本の出版元であるTACとも、たまご屋さんのメール配信がきっかけでお付き合いが始まりました。もともとTACに知り合いがいたわけではなく、自ら企画をたまご屋さんに持ち込んで、出版に至ったのです。

自分を売り込む企画書の書き方、見本もたまご屋さんのホームページにありますから、出版に関心のある人は一度目を通してみてはどうでしょうか。

もちろん本を出版したからといって、仕事が来るとは限りませんし、執筆以外の方法が大きな転機になることもあると思います。しかし、ある程度専門性のある人は、本の執筆は飛躍の「きっかけ」につながりやすいと思います。

講師として飛躍するきっかけをまとめると、

①専門性を高め、講師としてのスキルを磨く（わかりやすい説明、オリジナルな説明ができるようになる）
②執筆など、大きく飛躍するきっかけをつかむ
③チャンスを活かす。期待以上の講義をすることでリピート、紹介につなげていく

以上3点になります。講師業を仕事の1つにしていこうと考えている人は、マーケットを分析して、自分が活躍する分野を決め、上記3点に留意して仕事を広げていくことをお勧めします。

第8章

講師として活躍するために

25

何より大切なのは、「会場に到着する」こと。

講師にとって何よりも大切なことは？

さて、講師にとって一番大切なことは何でしょう？

「きちんと伝わる話をして、講演、研修の成果を出す」ことでしょうか。それも正解です。**上手な話ではなく、伝わる話、効果を考えて仕事をする**、でしたよね。しかし実は、もっと大切なことがあるのです。

それは**会場に到着する**ということです。「それが一番なの？」とおっしゃるなかれ。まずは会場に行かないことには、始まりません。それも余裕をもって到着する必要があります。どんなにいい内容の講義をしても、講師が遅刻しては、印象は極めて悪くなります。まして到着できないという事態は……。考えただけでも恐ろしいことです。

私の場合、パワポを使う関係でパソコンを設定する必要もあり、少なくとも30分前には、会場に着くようにしています。地方出張の場合には1時間前必着です（都心と同じ感覚で電車が走っている、タクシーがつかまるなどと思っていると、とんでもないことになります）。

「内容は二の次です」とまでは、もちろんいいませんが、遅刻は「採点の対象以前の問題」と思っておいてよいでしょう。

私のハラハラ体験

交通機関の遅延など、不可抗力の事態が発生することも考えられます。そのためにも**余裕をもって会場に着くことを目指すとともに、代替の交通手段を考えておく必要**があります。遠方の場合には、飛行機が飛ばないとアウト！　ということになりますので、できるだけ前泊させていただくことをお願いしています。

一度、地方講演の日に、羽田へ向かう途中で、電車が人身事故で止まってしまい困ったことがあります。その日の講演会場の最寄り空港へは、羽田から1日1往復しかないため、予定していた便に乗れないと講演に間に合わないのです。

空港には1時間以上余裕をもって到着するようにしていたので、多少の遅れであれば大丈夫だったのですが、なかなか復旧しません。20分以上経過した時点でも復旧の見込みが立たないとのことだったので、これはまずいと思い電車を降りて、スーツケースを持って走りました。大通りに出てタクシーを拾い、ぎりぎりで搭乗のチェックインに間に合うことができました。

思わぬ出費でしたが仕方ありません。間に合ってよかったという気持ちです。それ以来、飛行機利用の場合は前泊を自分のルールにしています。

体調管理も仕事のうち

遅れずに会場に着くためには、**体調管理も不可欠**です。講演が立て込んで、体調を崩したこともあります。平成23年の夏のことです。

この年の私の講義の延べ受講者数は約9000人。例年は3000人前後ですからこの年は約3倍の受講者だったわけです。なぜそんなに多かったのかというと、神奈川県宅建協会と神奈川県が共催する「一般業務研修」の講師を担当させていただいたからです。

この研修は県内の宅建協会加盟の業者は全業者参加することが義務付けられているものです（複数名参加の業者さんもいます）。県内のほとんどの業者が参加しているわけですから、いい加減な講義をすると評判が落ちます。逆にここで高い評価を得られれば、次の仕事につながる可能性が高まります。

6月から7月の暑い中、延べ13日間講演を行いました。場所も横浜、川崎だけでなく相模原、厚木、小田原など県内各地を回りました。

参加者は少ない会場で300人くらい、横浜の関内ホールなど大きな会場では1000人を超えていました。しかも、パワポも使えないので、研修といっても講演的要素が強いものでした。言葉の力だけで、1000人近い人を1時間引き付けるのはなかなか大変です。

私が担当した前年は公取協の人、私の翌年は不動産適正取引推進機構（これ以降は、適取と略します）の人が担当しました。これらの団体は職員が複数いますから、交代で担当することができますが、私の場合は、1人で全会場を回ることになります。当たり前ですが1日たりとも休めません。

また公取協や適取の人であれば、名前で語ることもできますが、一不動産鑑定士にすぎない私の場合は、ネームバリューに頼るわけにはいきません。参加者に「なるほど、勉強になったな」と思ってもらえる講義をする必要がありました。

そのプレッシャーと連日の暑さのためか、体調を崩しました。食後、1~2時間すると猛烈な吐き気に襲われるのです。病院に行ったところ、十二指腸潰瘍と診断されました。それでも、休むわけにはいきません。かなりしんどい日々でしたがなんとか乗り切りました。全日程終わった後の充実感は格別のものがありました。

また、1週間後に地方での講演会を控えている、というときに風邪をこじらせて肺炎にかかったこともあります。かなり高い熱が出ましたが、講演に穴を開けるわけにはいきません。かかりつけの医者にお願いして、5日間点滴を打ち続け、強めの薬を出してもらい、講演までにはなんとか回復しました（回復しなくても行くつもりでしたが）。

講師は体調管理も仕事のうちです。それでも体調を崩すときは崩します。そういう場合は、どうするのか？

答えは、「這《は》ってでも行く」です。

いったん引き受けた以上、講演、研修に穴を開けることは絶対に許されない。そう思って仕事に臨む必要があります。講師業は楽しい仕事ですが、決してラクな仕事ではありません。

26

アンケートの批判は真摯に受け止め、建設的でない意見はスルーする。

悪い評価に負けない

講師をする以上、評価がついて回ります。研修や講演会の目的、主催者側の事情にもよるのでしょうが、参加人数が50～60人くらいまでであればアンケートを取ることが多いです。１００人を超えると、取らないことが多いように思います。

アンケートの結果が、良いものばかりならいいのですが、必ずしもそうとは限りません。全体としては悪くなくても一部の低い評価が気になってしまうこともあります。

また年に50回以上講演、研修を行っていると、1回や2回は自分が思っていたほどの評価をもらえないこともあります。

初めて会った人に一方的に評価される、というのはなかなかつらいことです。特に匿名のアンケートだと、辛口のコメントをする人が必ずいます。要望や批判が書かれていたならば、まずは真摯に受け止めなければならないでしょう。しかし、気にしすぎてもいけないと思うのです。なかには無理な要求をしてくる人もいるからです。**講師業というのは、ある程度神経が図太くないと務まらない仕事**だと思います。

同じ話をしても、好評なときと、そうでないときがあります（聞き手の属性や目的が同じことが前提です）。ある会社の研修ではウケたネタが、別の会社の研修ではすべりまくる、といったことはよくある話です。こちらの表情や、その会社の風土、笑いの感覚の違いなどなどいろいろな要素が影響するのだと思います。まぁ、笑いをとることが目的ではないのでいいのですが……。

寿司屋でフランス料理は出せない

私の講演メニューの1つに、不動産業の開業を考えている人を対象にしたセミナーがあります。1時間半程度で不動産業の魅力、免許申請の方法、開業後に求められる知識、スキルなどについて解説していくものです。時間も短いですし、初めて不動産業を検討する人も対象としているので、あくまで一般的、入門的な内容を解説することを目的としたものです。

ところが、あるとき、受講を申し込まれた人からビックリするような事前質問をいただいたことがありました。

「EU圏の外国人向け高級不動産仲介を考えているので、その方面に特化した事業化アドバイスをいただければ助かります。レインズ（宅建業者間の物件情報交換システム）や契約書の翻訳について、ITを活用した簡便な方法を教えていただきたいです」

といったものでした。

講師の私以上に、事務局の人も驚いていました。目の付けどころは悪くありません。きっと優秀な方なのでしょう。しかし、業界団体が主催する無料公開セミナーで対応できるレベルの内容ではありません。お金を支払って、コンサルティングを受けるべき内容だと思いました。

こういう人まで満足させることは不可能だと思います。講演終了後のアンケートで「自分が期待していた内容ではなかった」と言われても……。八百屋に肉を売ってくれ、と言っているようなものだと思います。寿司屋でフランス料理を出せと言われても対応のしようがないでしょう。

これは極端な例ですが、それ以外にも手厳しい意見をいただくこともあります。「この程度の講義では満足しない自分は、もっとレベルの高い人間なのだ」といった意味のことが書かれていることもありました（そう思うのは自由です）。**批判は真摯に受け止める必要がありますが、建設的でない意見は、スルー（無視）すること**です。

賛否両論あるくらいの尖《とが》った講義のほうが、毒にも薬にもならないものよりはいいのだと割り切ることも必要だと思います。

ひとりよがりにならないために

アンケート結果を気にしすぎない、といっても自己満足になってしまっては、講師として成長できません。

ひとりよがりの講義を続けていては、いずれは仕事が来なくなってしまいます。ひとりよがりにならず、かつ評論家的アンケート、無謀な要望に動じないためのポイントを考えてみました。

①事務局の人の意見を聴く

業界団体の研修事務局の人は、多くの講師を見ていますから、その評価、意見は公平、客観的なものであることが多いです。なかには、講演を聞かない事務局の人もいますが、そういう人でも受講者の感想を聞いていることがあります。講師には直接、感想を言わない人でも、事務局の人には「今日の講師の話はなかなか面白いね」と気軽に言っていくのでしょう。そういう意味でも事務局の人の意見、感想は参考にするべきだと思います。資格試験予備校の講師をする場合にも、事務局の人の意見が参考になると思います。

②（アンケート以外の）参加者の反応から考える

講演終了後、パソコンなどを片付けていると「先生、ちょっといいですか」と質問に来てくれる人がいます。講義内容に関心を持ってくれたわけですから、成功と考えていいと思います。また質問はなくても名刺交換に来てくれる人もいます。講師と近づきになりたい、この先生と知り合いになっておくと得だ、と思ってもらったわけですから、こういう場合も成功といっていいでしょう。私の経験では名刺交換した人の2～3割は、その後メールをくれます。また、なかにはうれしいことに、達筆のはがきをくれる人もいます。

アンケートの声や事務局の意見をもとに講演、講義を改善していくことは大切です。しかし**他人の意見を気にしすぎて、自分の持ち味を失っては意味がない**と思います。他人のいいところは取り入れる。自分の悪いところは直す。しかし、すべての人の要望に応えることは不可能だ、という割り切りが大切です。

27 他のマネではない、オリジナルな講義を目指す。

自分の持ち味を出す

他の講師を意識しすぎるのもマイナスだと思います。しょせん、他人は他人です。自分は自分以外の何者かになれるわけではありません。

例えば、藤原和博さんには、パッと人を引き付けるオーラがあります。その場の空気を読み、それに合った話を提供していくことができます。それどころか、場の空気そのものを変えていく力があります（藤原さんが、悪徳商法や霊感商法の道に走らないでいてくれて本当によかったと思います）。

大谷由里子さんのことは直接存じ上げていませんが、著書に付いていたＤＶＤを拝見すると、吉本興業のマネージャーというユニークな経験に、サービス精神を重ね合わせたすばらしい講演を展開されているのがわかります。

私には、藤原さん、大谷さんのようなマネはとてもできません。だから、**自分は自分なりの方法を追求していくしかない**のだと思います。自分の経験、得意とするところを活用して、世界に1つしかないオリジナルな講義を目指す――。それが聞き手を変える、という効果を生み、充実感、満足感につながっていくのだと思います。

楽しい イコール ラク ではない

私は講師という仕事を天職だと思っています。いろいろなところでお話をさせていただくのは本当に楽しいです。

しかし、仕事が楽しいということは、「ラク」ということではありません。講師の仕事は楽しいですが、期待に応えるためには、もっといえば、自分なりに設定した合格水準をクリアするためには、相当の努力が必要になります。

私は講師の仕事が大好きです。十二指腸潰瘍になった研修も楽しい時間でした。講演会場からの帰りの電車の中で受講者から声をかけられたり、テキストを読んでいる人を見かけると「自分の話も少しは役に立ったのかな」とうれしい気持ちになるものです。

しかし、楽しいということは、ラクということではありません。前述したような延べ13日間にわたる講演や大きな会場で1000人を超える人の前で話すのは、ものすごいプレッシャーです。それだけの人の時間をいただいているのですから、内容を充実させておかなければなりません。

資格試験講師も同様です。人数は少ないですし、業界団体の研修と違いニーズがはっきりしていて講義内容で迷うことはないのですが、ライバルが多い世界です。いろいろな経験やノウハウを持った講師たちが激しい競争を繰り広げています。その中で仕事をいただき続けるのは、簡単ではありません。

つまり、講師の世界も他の仕事同様、過酷な面があるのです。一般のサラリーマンよりハードであることは間違いないと思います。「少しの時間、好きなことを話していればお金をもらえる気楽な商売」というわけではありません。

それでも、受講者から「役に立った」「わかりやすかった」と言われることは、何物にも勝る喜びです。

とても過酷だけれど、とても楽しい仕事。それが講師業なのだと思います。

「伝わる」講師になるための

ブックリスト

講師をしていくうえで
有益なアドバイスを得られる本をご紹介します。

『あの有名著者は講演会で何を話しているのか?』

講演依頼.com　ワニブックス

本書でも一部ご紹介しましたが、林成之先生、藤原和博さんなど5人の著名人の講演内容をまとめたものです。講演録ではなく「書籍」ですから、実際の講演の再現というわけではないのですが、話の構成や表現方法について知ることができます。各先生の講演内容に感心するのではなく、「こういうテーマをこういう構成で話すのか」という観点から、読んでいくと大変勉強になると思います(もちろん内容もすばらしいものばかりですが)。また、講演の再現だけでなくインタビューもついています。

- ●「(スピーチの極意は)伝えたいことをひとつかふたつに絞ること。笑顔を忘れないこと。そして諦めること」(演出家・劇作家の竹内一郎さん)
- ●「事前に原稿を用意したりはしない。会場の年齢層や雰囲気とかリアクションを見て話す内容を考える」(アルピニスト　野口健さん)
- ●「原稿を読み上げたことは一度もありません」(林成之先生)
- ●「(スピーチのこつは)間違っても原稿を手に持って話したりしないこと」(藤原和博さん)
- ●「(聞き手の)年齢層や職業もさまざまですので、その人達の興味のある話題にサッと切り替えることも大事ですね」(外資系教育会社でトップセールスだった和田裕美さん)

つまり5人とも「聞き手に合わせて講演内容、構成を変えている」ということです。講演、講義は生き物。練習してきたものを再現する場ではありません。主役は聞き手なのです。

『はじめて講師を頼まれたら読む本』
『講師を頼まれたら読む「台本づくり」の本』

ともに大谷由里子　中経出版

吉本興業で多くの芸人さんのマネージャーを務められ、現在は研修会社「志縁塾」を運営される大谷由里子さんの本。この本は、講演、スピーチの内容(テーマ、コンテンツ)を考えるのに際し、ヒントになることが多い本だと思います。私のような研修講師は「何を話していいのかわからない(話すネタが思いつかない)」ということはないのですが、「講演、スピーチを頼まれたけど、何を話していいのかわからない」という人には一読することをお勧めします。

第4章で紹介した「事実を誇張して飛躍させることで、話に説得力が生まれる」だけでなく「人の心は挑戦と共感で動く」「成功体験はスキルに落とし込め」「(聞き手が)すぐにできそうなことを盛り込む」などが実践的なノウハウが具体例とともに書かれています。

そういうノウハウ面だけでなく、講師という仕事にかける心意気が伝わってきて、「私も頑張ろう」という気持ちにさせてくれる本です。

「台本づくり」のほうには大谷さんの実際の講演を収録したDVDも付いており、大変勉強になります。

『「分かりやすい話し方」の技術』

吉田たかよし　講談社

NHKアナウンサー、衆議院議員秘書を経て今は医師をされている吉田たかよしさんの本です。「矢印メモを使って言いたいことの構造を明らかにする」「既知情報を主語、新情報を述語にする」「話が冗長になってしまう根本的な原因は、情報の重要度に対する判断能力の欠如にある」「ビジュアルプレゼンテーションでは、観客の視線を誘導する」など、アナウンサー(わかりやすく伝える仕事です)、議員秘書(多忙なボスに短時間で要点を解説する能力が求められます)など数々の修羅場をくぐってきた著者だから言える、「言いたいことを相手に伝えるノウハウ」が具体例をもとに丁寧に解説されています。

『「ひらがな」で話す技術』

西任暁子　サンマーク出版

大阪FMのDJ、インタビュアー、歌手としても活躍される西任暁子さんの本です。本のカバーの著者紹介に「心地よいテンポとわかりやすい構成、嘘のない語り口が人気を呼び」とありますが、まさにその通りの方です。西任さんの表現のベースにあるのは、「話を聞いて下さる方への感謝の気持ち」なんだと思います。聞き手への感謝があるから、わかりやすく伝えようと構成、表現を一生懸命考える。「ひらがなで話す」というのもその1つの方法なのだと思います。

『プロ研修講師の教える技術』

寺沢俊哉　ディスカバー21

寺沢俊哉さんは、経営コンサルタントとして多くの企業研修を担当されている方です。聞き手をお客さんにせず、参加者にさせろ。これがこの本のメインメッセージです。私であれば「聞き手の属性を考える」「研修の目的(＝聞き手にどうなっていて欲しいのか)を考える」と表現するところを、「教える相手のアフターを明確にする」「相手の現状・ビフォーを把握する」といった説明をされているところなど、コンサルタントらしい分析が随所に表れている本だと思います。

『わかりやすく〈伝える〉技術』

池上彰　講談社

「週刊こどもニュース」などわかりやすい解説で人気の池上彰さんの本です。講演、研修ではなく3分程度のプレゼンを想定して書かれた本ですが、講師をする者にとって参考になることも多々あります。「わかりやすい説明の準備は、相手が何を知らないか、それを知ることから始める」「本当によく理解している人は、こんなふうにざっくりとひと言で説明できる…何を話すかではなく、何を割愛するか(が大切)」など、有益なアドバイスがたくさん書かれています。

『誰でもまねできる人気講師のすごい教え方』

多田健次　中経出版

大原簿記学校などで12年間に3000人以上を指導されたという多田健次先生の本です。「講師は、常に他者評価されることを覚悟しておかなければいけません」「反省よりも成功体験を大切にすること」「会場には遅くとも30分前には到着」「講義中盤から終盤においてだけは、常に終了時間のことを考えなければなりません」など、実際に数多くの講義を経験した人だから言えるアドバイスがたくさん詰まっています。

『「分かりやすい表現」の技術』
『「分かりやすい説明」の技術』

ともに藤沢晃司　講談社

プレゼンテーションの達人として有名な藤沢晃司さんの本です。大手メーカーのソフトウエア・エンジニアとして活躍されただけあって、ロジカルな分析で「どうすればわかりやすくなるのか」を解説されています。特に『「分かりやすい表現」の技術』の違反例、改善例の比較は、図表作成においてすぐに使えるヒントが満載です。

『「超」文章法』

野口悠紀雄　中央公論新社

経済学者で『「超」整理法』など数多くのベストセラーを書かれている野口悠紀雄先生が書かれた論文、批評、評論など「論述文」を書くためマニュアルです。書名の通り文章の書き方について解説した本ですので、「講師のための参考書」ではありません。しかし、この本に書かれた数々のノウハウは講演、研修内容の構成を考える際にも大変有益なものです。例えば「メッセージの明確化」「骨組みの構築」などは文章であれ、講演であれ、「他人に何かを伝えよう」という場合には心がけなければならないことです。それを簡潔明瞭に教えてくれる本です。本書の第5章でも書きましたが、講師にとっても必読の本だと思います。

■著者紹介

中村 喜久夫（なかむら　きくお）

1961年生まれ。神奈川県厚木市出身。早稲田大学政治経済学部卒業後、(株)リクルートを経て、(株)不動産アカデミーを設立。不動産関連の講師として、最大の業界団体である「全国宅地建物取引業協会連合会」を始めとして、全国各地の宅建協会や不動産会社で講師を務める。
10人程度の小規模な勉強会から、1,000人を超す講演会まで幅広い講演、研修活動を行っており、結論を明確にした無駄のない講義が好評を得ている。平成23年の延べ受講者数は約9,000人に達した。
また、リクルート在籍中から予備校で講師を務めるなど資格試験指導にも力を入れており、短時間の勉強で合格するノウハウが好評を得ている。
著書に『スッキリわかる宅建』『マンションは「広告」「重要事項説明」を理解してから買いなさい！』（小社刊）などがある。

装幀　Malpu Design（樋口佳乃）
本文デザイン　Malpu Design（大胡田友紀）
本文イラスト　村山宇希

すごい講師《こうし》の伝《つた》え方《かた》

2013年6月15日　初　版　第1刷発行

著　　者　中村喜久夫
発 行 者　斎藤博明
発 行 所　TAC株式会社　出版事業部
(TAC出版)
〒101-8383 東京都千代田区三崎町3-2-18
西村ビル
電話 03(5276)9492(営業)
FAX 03(5276)9674
http://www.tac-school.co.jp
組　　版　株式会社　三協美術
印　　刷　株式会社　光邦
製　　本　東京美術紙工協業組合

© Kikuo Nakamura 2013　　Printed in Japan
ISBN 978-4-8132-5188-0
落丁・乱丁本はお取り替えいたします。

本書は，「著作権法」によって，著作権等の権利が保護されている著作物です。本書の全部または一部につき，無断で転載，複写されると，著作権等の権利侵害となります。上記のような使い方をされる場合には，あらかじめ小社宛許諾を求めてください。

EYE LOVE EYE

視覚障害その他の理由で活字のままでこの本を利用できない人のために，営利を目的とする場合を除き「録音図書」「点字図書」「拡大写本」等の製作をすることを認めます。その際は著作権者，または，出版社までご連絡ください。

幸せの順番

あなたがうまくいっていないのは、なぜでしょう。“人生においてやるべきものごとには、順番がある”と気づいた瞬間、仕事もプライベートもうまくいくようになります！ 著者が、苦難の前半生を経て見出した「人生のステップアップ法」とは？

鳥飼 重和・著
定価1,260円（税込）

月商倍々の行政書士事務所 8つの成功法則

厳しい行政書士の業界で横並びのやり方をしてはジリ貧に…。 資金・人脈・経験がなくてもどんどん稼げる、開業と経営の“非常識”な成功法を教えます！

伊藤 健太・著
定価1,470円（税込）

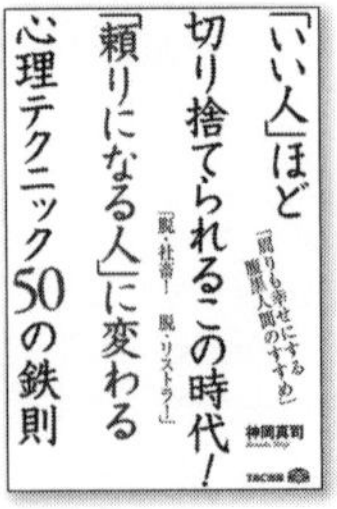

「いい人」ほど切り捨てられるこの時代！「頼りになる人」に変わる心理テクニック50の鉄則

ちょっとした心がけで、「いい人」から「頼りになる人」へ！ 自分の心をコントロールしてたくましい心を持ち、他人の心を巧みに操って思い通りに動かせるようになるための心理コントロール術を紹介します。

神岡 真司・著
定価1,260円（税込）

好評発売中

クレーム・パワハラ・理不尽な要求を必ず黙らせる切り返し話術55の鉄則
神岡真司・著／定価1,260円（税込）

「上質な基本」を身につける！ ビジネスマナーの教科書
美月あきこ with CA-STYLE・著／定価1,050円（税込）

コトラーのマーケティング理論が2.5時間でわかる本
岡林秀明・著／定価1,260円（税込）

TAC出版　価格は税込です。

ご購入は、全国書店、大学生協、TAC各校書籍コーナー、
TAC出版の販売サイト「サイバーブックストア」（http://bookstore.tac-school.co.jp/）、
TAC出版注文専用ダイヤル（0120-67-9625 平日9：30〜17：30）まで

お問合せ、ご意見・ご感想は下記まで
郵送：〒101-8383 東京都千代田区三崎町3-2-18
TAC株式会社出版事業部
FAX：03-5276-9674
インターネット：左記「サイバーブックストア」